코바늘 뜰 때 궁금한 것 싹 해결!
곁에 두고 보는 손뜨개 노트

CROCHETING
BASICS
— LESSONS —

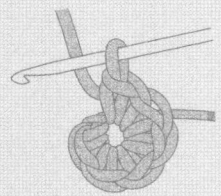 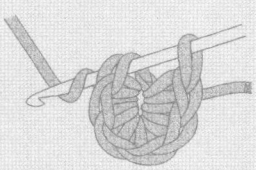 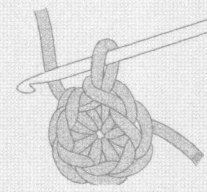

Techniques

Chain Crochet, Single Crochet, Half Double Crochet, Double Crochet,
Double Treble Crochet, Triple Treble Crochet, Slip Stitch,
Edging, Making Motifs, Materials, Tools, and more.

코바늘 뜰 때 궁금한 것 싹 해결!

곁에 두고 보는 손뜨개 노트

 contents

기본 뜨개법

실과 코바늘 잡는 법 5
뜨개실 잡는 법 / 실이 느슨해서 뜨기 힘들 때
코바늘 잡는 법 / 실과 바늘을 함께 잡은 모습

사슬뜨기 6
시작코의 사슬코를 줍는 법

짧은뜨기 8

긴뜨기 10

한길긴뜨기 12

두길긴뜨기 14

세길긴뜨기 15
시작코의 사슬코를 너무 많이 떴을 때

빼뜨기 16
앞단이 짧은뜨기일 때 / 앞단이 한길긴뜨기일 때
빼뜨기 끈

이랑뜨기와 줄기뜨기 18
이랑뜨기(짧은뜨기일 때)
줄기뜨기(짧은뜨기로 원통뜨기를 할 때)

자주 사용하는 뜨개바탕

그물뜨기 21

모눈뜨기 22
2코 모눈 / 2코 모눈뜨기의 무늬뜨기

구슬뜨기 24
한길긴뜨기 3코 구슬뜨기 / 긴뜨기 3코 구슬뜨기
앞단이 사슬뜨기일 때의 구슬뜨기

팝콘뜨기 26
한길긴뜨기 5코 팝콘뜨기
앞쪽을 보고 뜰 때 / 뒤쪽을 보고 뜰 때

걸어뜨기 28
한길긴뜨기 앞걸어뜨기 / 한길긴뜨기 뒤걸어뜨기
세로로 연속해서 뜰 때

익혀 두면 좋은 뜨개법과 마무리 방법

코 늘리기와 코 줄이기 31

[짧은뜨기일 때]
짧은뜨기를 1코 늘리기(짧은뜨기 2코 늘려뜨기)
짧은뜨기를 2코 늘리기(짧은뜨기 3코 늘려뜨기)
짧은뜨기를 1코 줄이기(짧은뜨기 2코 모아뜨기)
실을 걸치고 줄이는 방법

[한길긴뜨기일 때]
한길긴뜨기를 1코 늘리기(한길긴뜨기 2코 늘려뜨기)
한길긴뜨기를 1코 줄이기(한길긴뜨기 2코 모아뜨기)
뜨기 시작하면서 코 줄이기

단과 단 잇기, 코와 코 잇기 36

[감침질로 잇기]
감침질로 단과 단 잇기(한길긴뜨기일 때)
감침질로 코와 코 잇기(한길긴뜨기일 때)

[사슬뜨기로 잇기]
사슬뜨기와 짧은뜨기로 단과 단 잇기(한길긴뜨기일 때)

피코뜨기 38
사슬 3코 피코빼뜨기(짧은뜨기 코에 빼뜰 때)
사슬 3코 피코빼뜨기(그물뜨기의 사슬코에 빼뜰 때)

되돌아 짧은뜨기 40

바늘 돌려서 짧은뜨기 41

모티브 뜨기

원형으로 모티브 뜨는 법 43
사슬 1코에 뜨는 방법
실로 만든 원형코에 뜨는 방법: 짧은뜨기일 때
실로 만든 원형코에 뜨는 방법: 한길긴뜨기일 때
뜨기를 끝낼 때의 실 처리
사슬코로 만든 원형코에 뜨는 방법
링에 뜨는 방법

모티브 잇는 법 50

[뜨고 나서 잇는 방법]
감침질로 잇기 / 빼뜨기로 잇기

[뜨면서 잇는 방법]
빼뜨기로 잇기 / 짧은뜨기로 잇기

단춧고리 만들기 55
사슬뜨기와 빼뜨기로 만드는 단춧고리
사슬뜨기와 짧은뜨기로 만드는 단춧고리

뜨개질을 시작하기 전에

재료 51
뜨개실

도구 52
코바늘 / 돗바늘 / 실 자르는 가위 / 있으면 편리한 도구

실 끝 처리 60
뜨기 시작의 처리 / 뜨기 끝의 처리

실 잇는 법 61
접친매듭 / 겹접친매듭 / 돗바늘로 연결하기

index 62

Basic Techniques
기본 뜨개법

실 1가닥과 코바늘 1개를 이용하여 뜨개바탕(평면)으로 만듭니다.
뜨개법에 따라 1단의 높이가 다르고, 뜨개코의 키가 커질수록 복잡하고 과정이 많아집니다.
먼저 가장 기본이 되는 사슬뜨기를 익히고, 그것을 토대(시작코)로 하여 여러 가지 뜨개법을 연습해 봅시다.
여기에서는 주로 8코를 왕복하며 뜨는 방법(왕복뜨기)으로 설명합니다.

 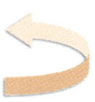 

뜨개바탕 뒤집는 법

왕복하며 뜰 때는 한 단을 끝까지 뜨고 나서 어떻게 돌리는지가 깔끔하게 완성하는 포인트 중 하나입니다.
기본적으로는 다음 단에 필요한 기둥코의 사슬코를 이어서 뜨고, 코바늘을 쥔 채 그 기둥코를 기점으로 하여
뜨개바탕을 뒤쪽(왼쪽으로 돌린다)으로 돌려서 다시 잡습니다.

Basic Techniques — 기본 잡는 법

실과 코바늘 잡는 법

뜨개실 잡는 법

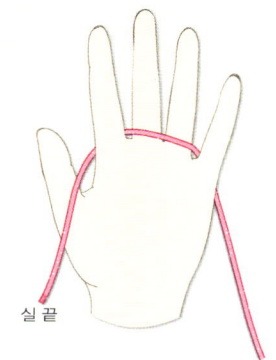

실 끝

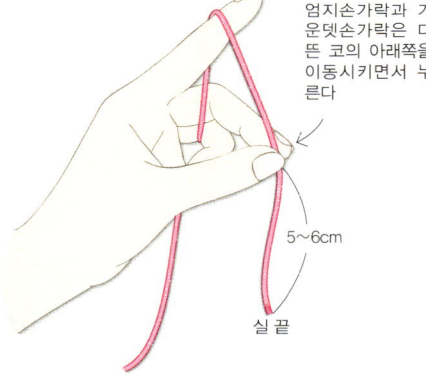

엄지손가락과 가운뎃손가락은 다 뜬 코의 아래쪽을 이동시키면서 누른다

5~6cm

실 끝

실이 느슨해서 뜨기 힘들 때

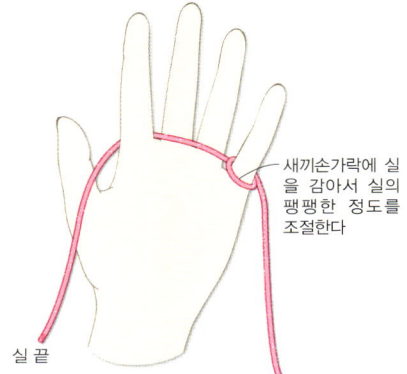

새끼손가락에 실을 감아서 실의 팽팽한 정도를 조절한다

실 끝

코바늘 잡는 법

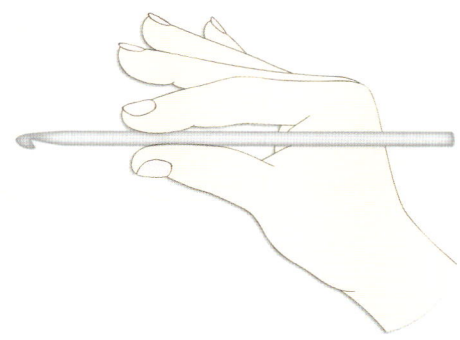

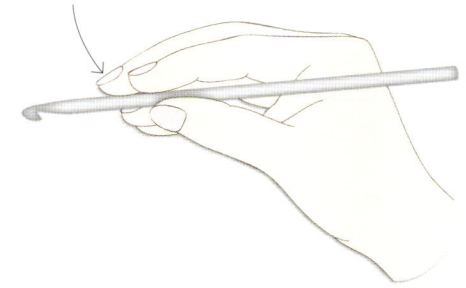

가운뎃손가락은 바늘의 움직임을 도와서 바늘에 건 실이나 뜨개코를 눌러 주는 역할을 한다

실과 바늘을 함께 잡은 모습

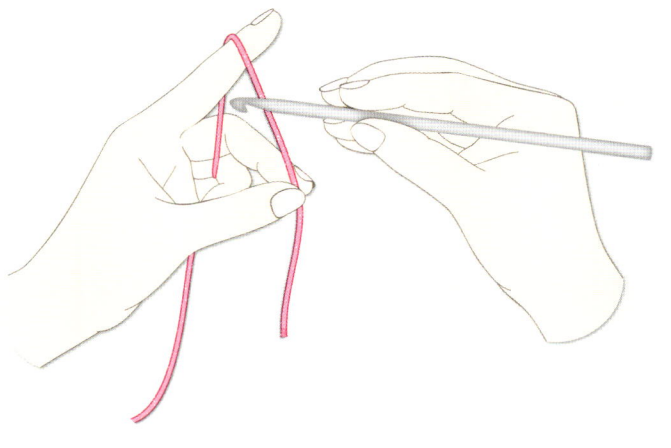

Basic Techniques — 기본 뜨개법

○ 사슬뜨기
가장 기본이 되는 뜨개법으로 시작코나 기둥코, 무늬뜨기 등에 사용합니다.

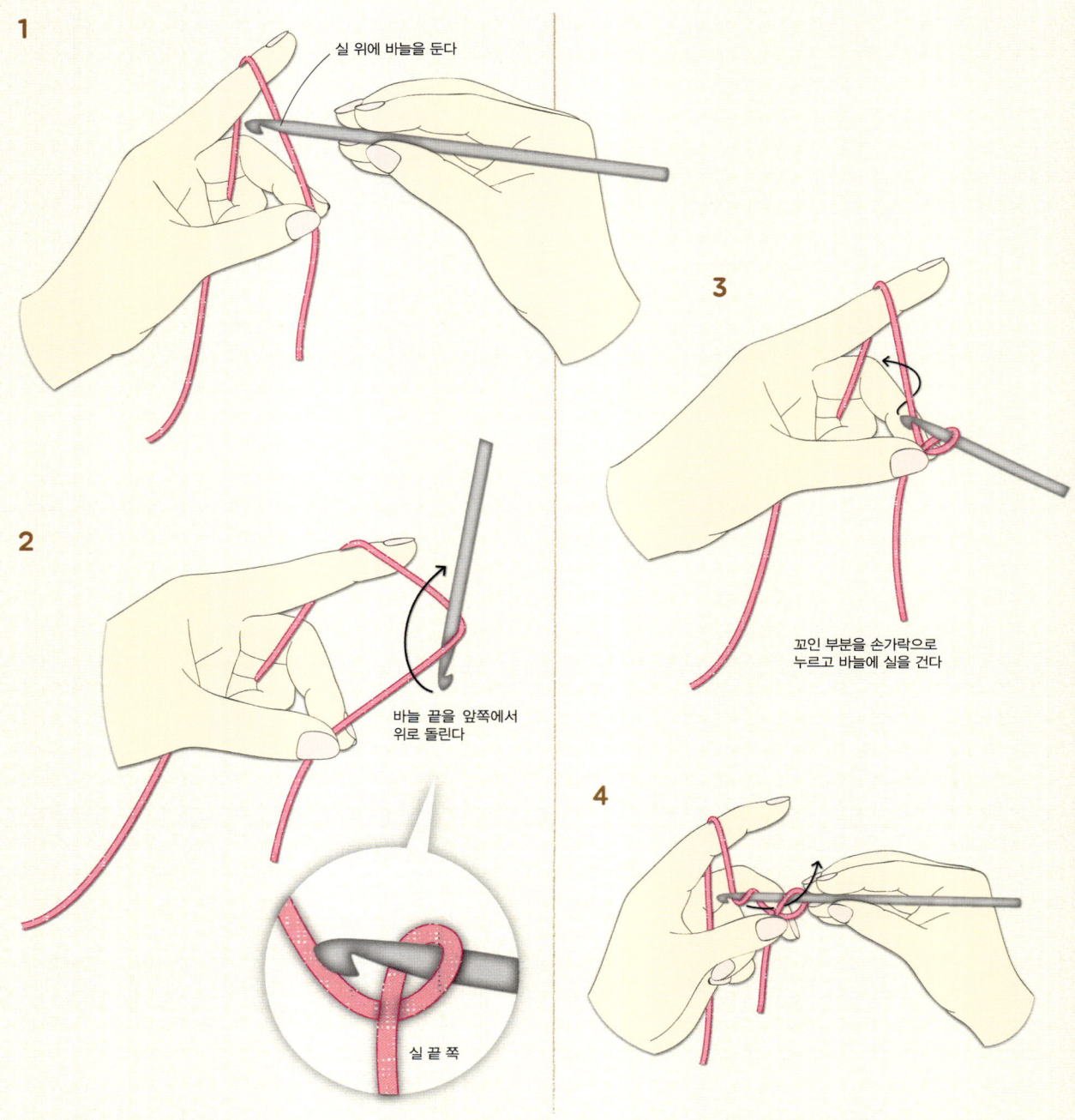

5

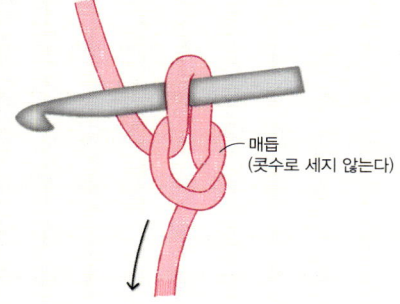

매듭
(콧수로 세지 않는다)

6

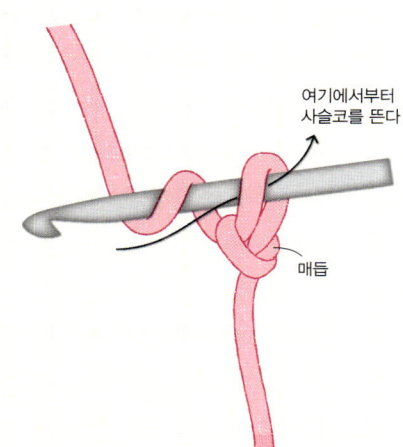

여기에서부터
사슬코를 뜬다

매듭

7

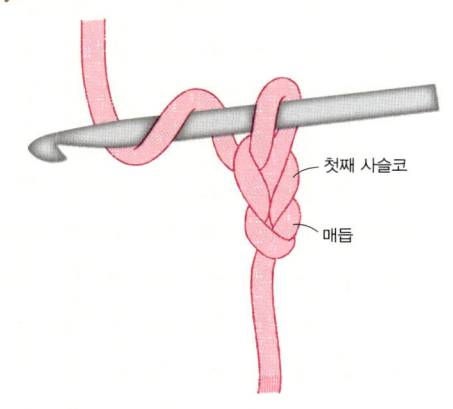

첫째 사슬코
매듭

8

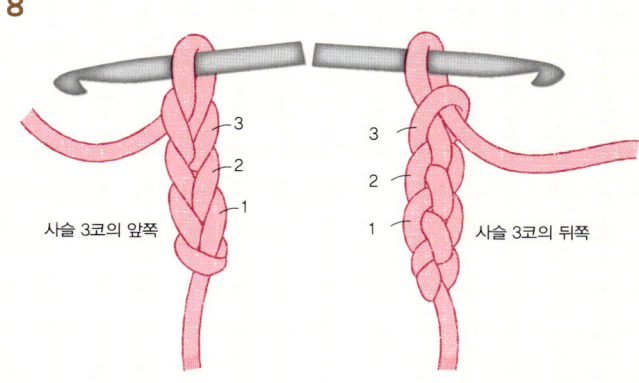

사슬 3코의 앞쪽   사슬 3코의 뒤쪽

[시작코의 사슬코를 줍는 법]

사슬코 산을 줍는다

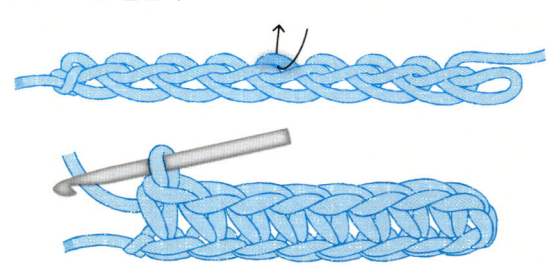

사슬의 반코를 줍는다

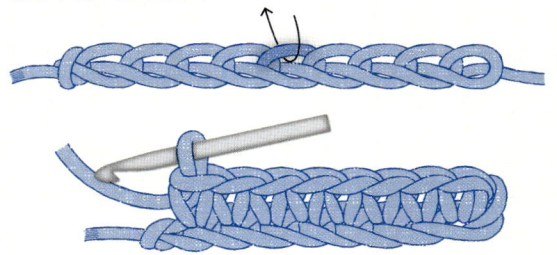

사슬의 반코와 사슬코 산을 줍는다

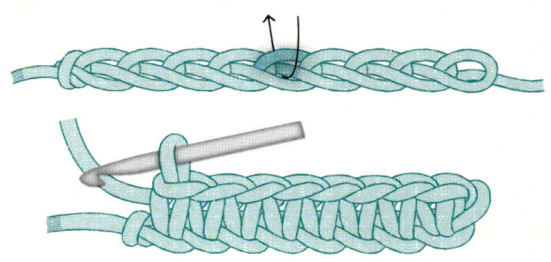

Basic Techniques — 기본 뜨개법

 짧은뜨기
기둥코가 사슬 1코 높이인 뜨개코. 기둥코인 사슬 1코는 콧수로 세지 않습니다.

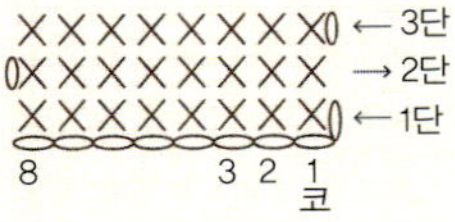

1 첫째 단

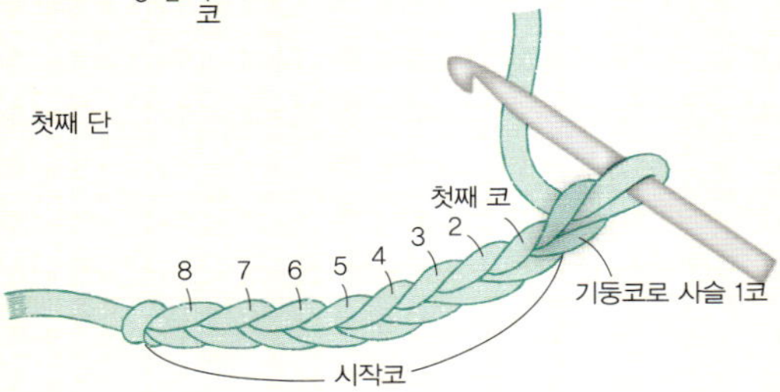

2 사슬코 산을 줍는다 / 첫째 코 / 여기에 바늘을 넣는다

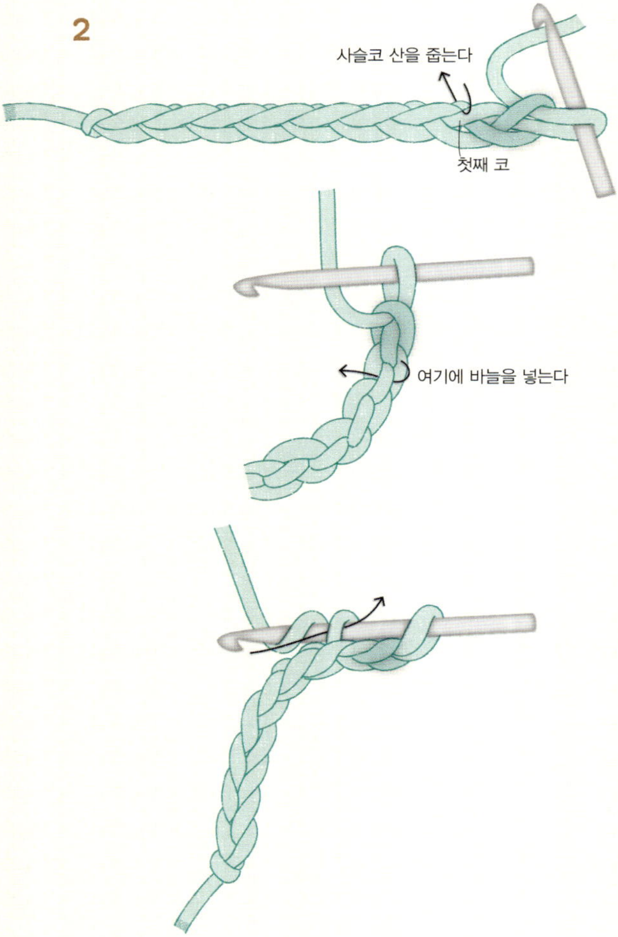

3

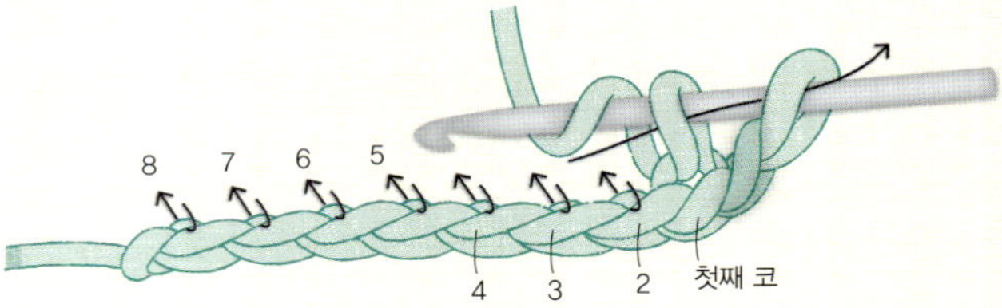

4 둘째 코 / 첫째 코 / 기둥코

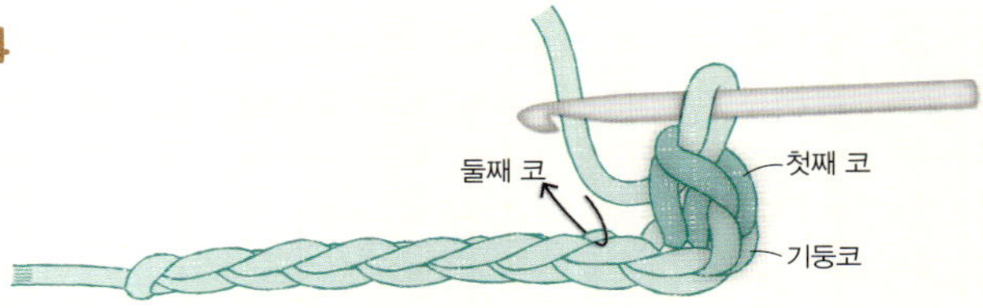

5 둘째 코

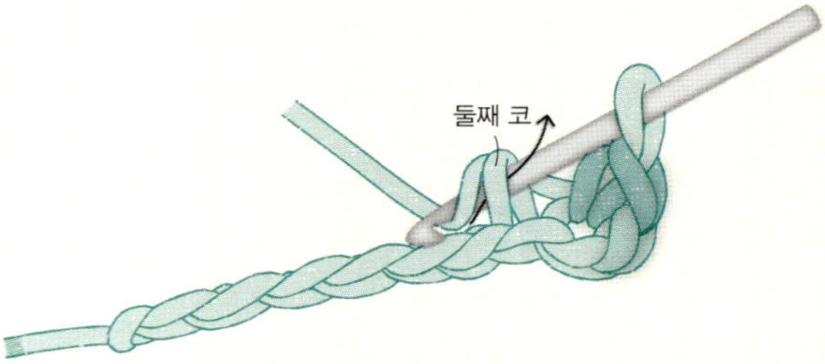

6

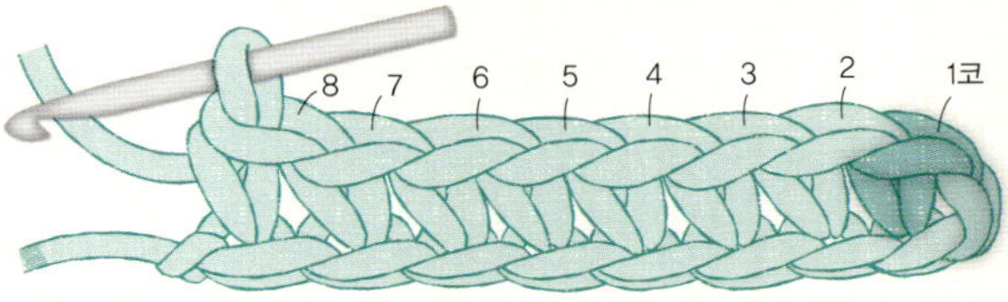

7 둘째 단

8

9

10

11

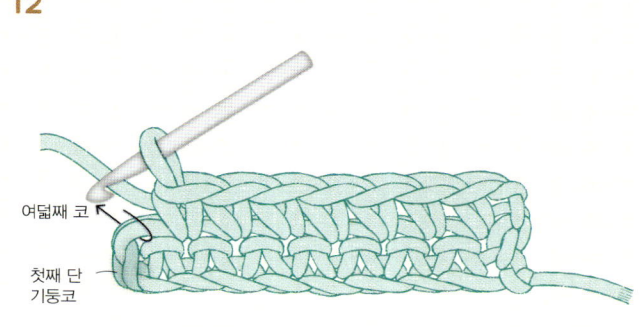

12

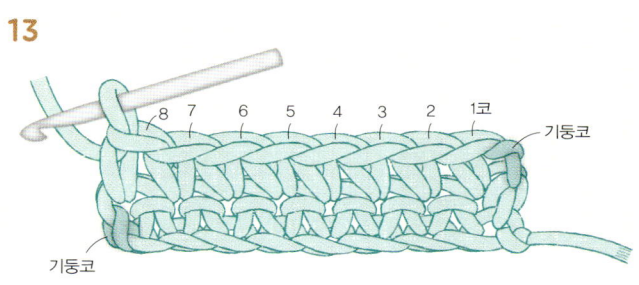

13

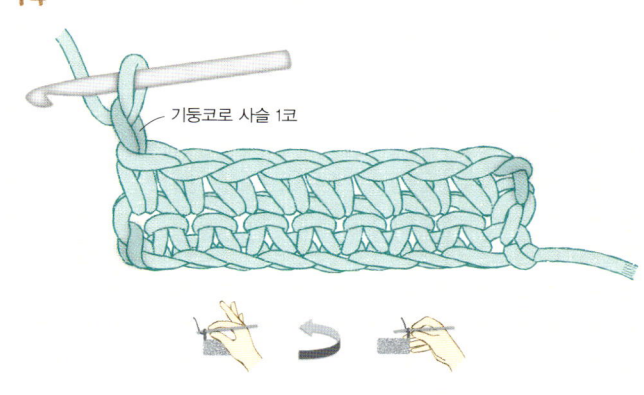

14 셋째 단

15

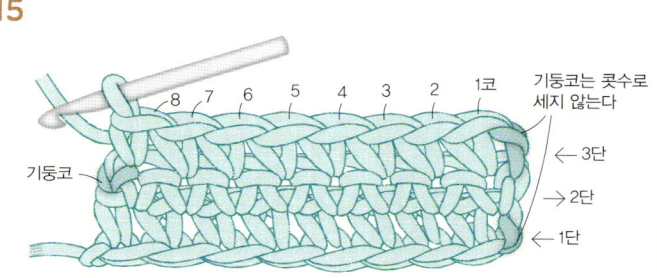

Basic Techniques — 기본 뜨개법

긴뜨기

기둥코가 사슬 2코 높이인 뜨개코. 바늘에 실을 1번 걸어서 바늘에 걸려 있는 고리 3개 안으로 한 번에 빼냅니다. 기둥코인 사슬 2코는 콧수로 세지 않습니다.

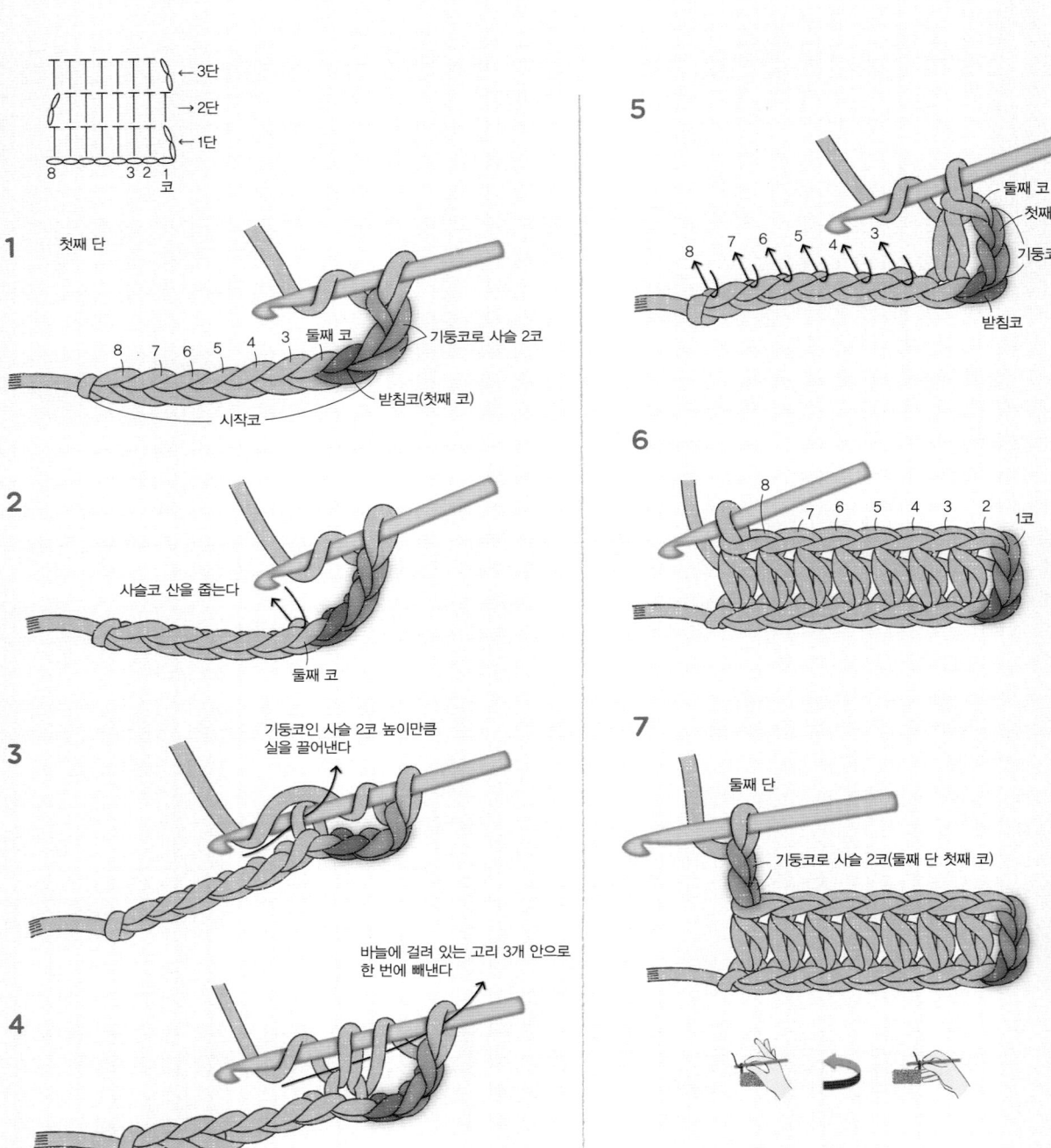

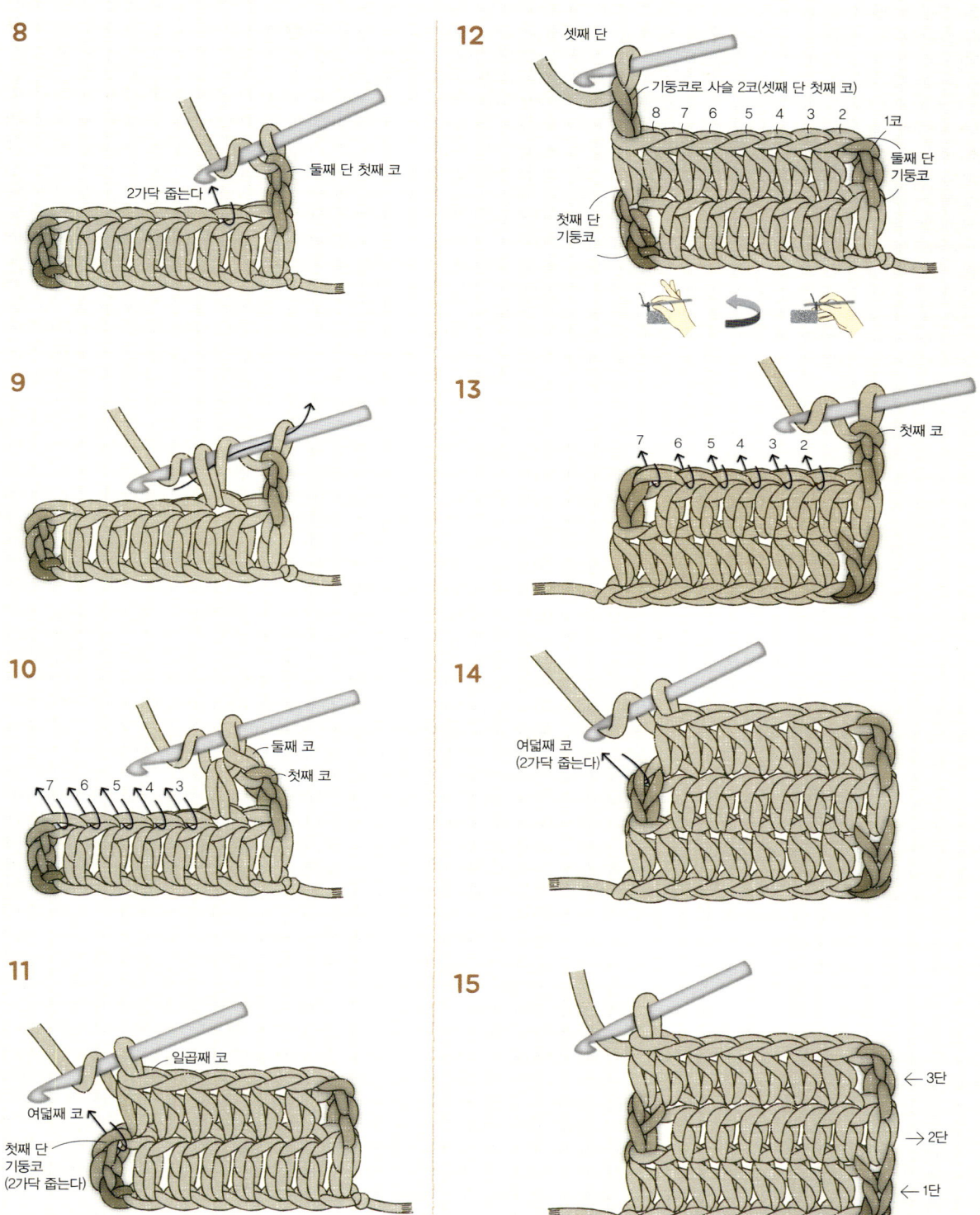

Basic Techniques — 기본 뜨개법

한길긴뜨기

기둥코가 사슬 3코 높이인 뜨개코. 바늘에 실을 1번 걸고, 바늘에 걸려 있는 고리 안으로 2개씩 2번에 빼냅니다. 기둥코인 사슬 3코는 콧수로 세지 않습니다.

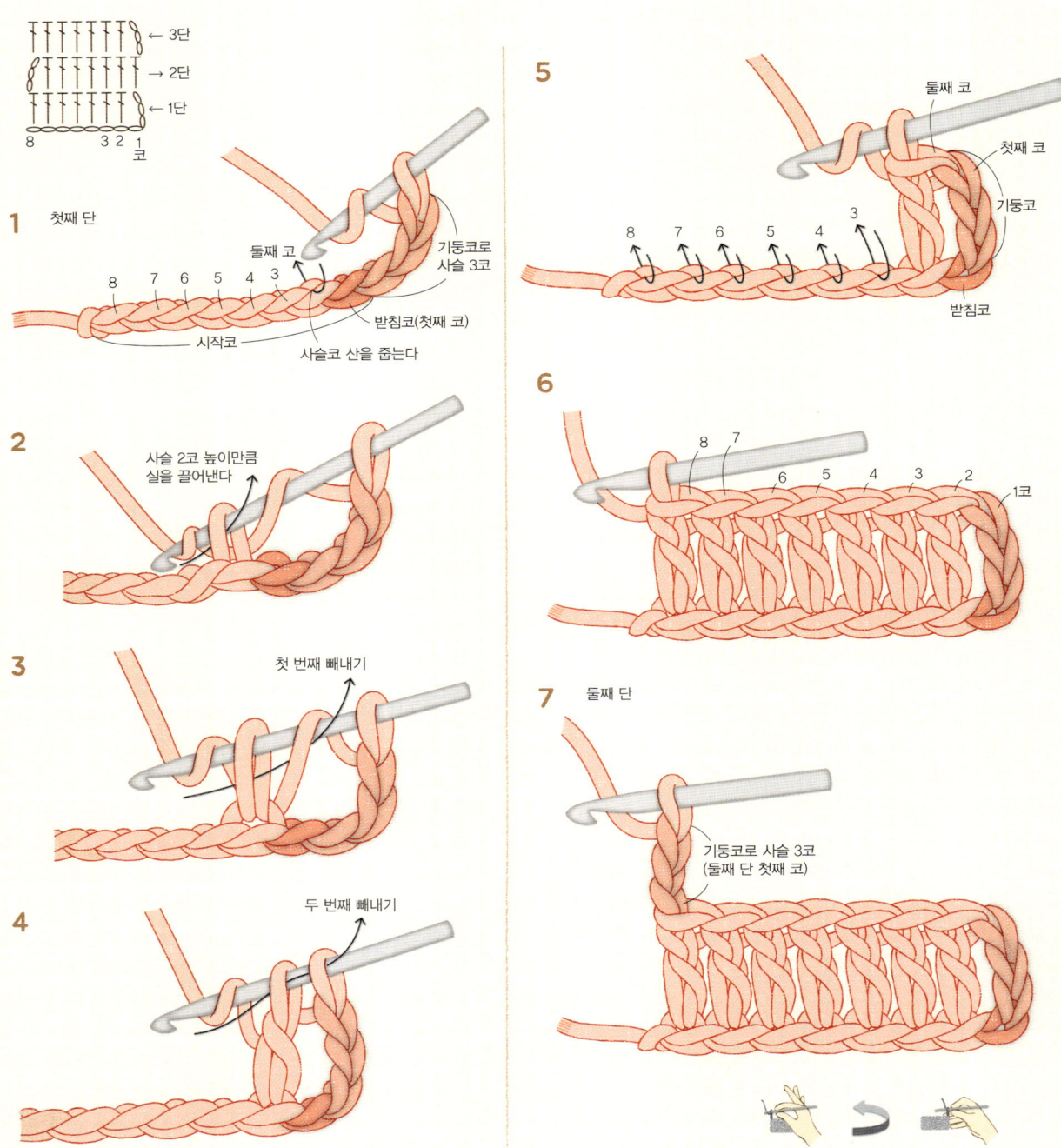

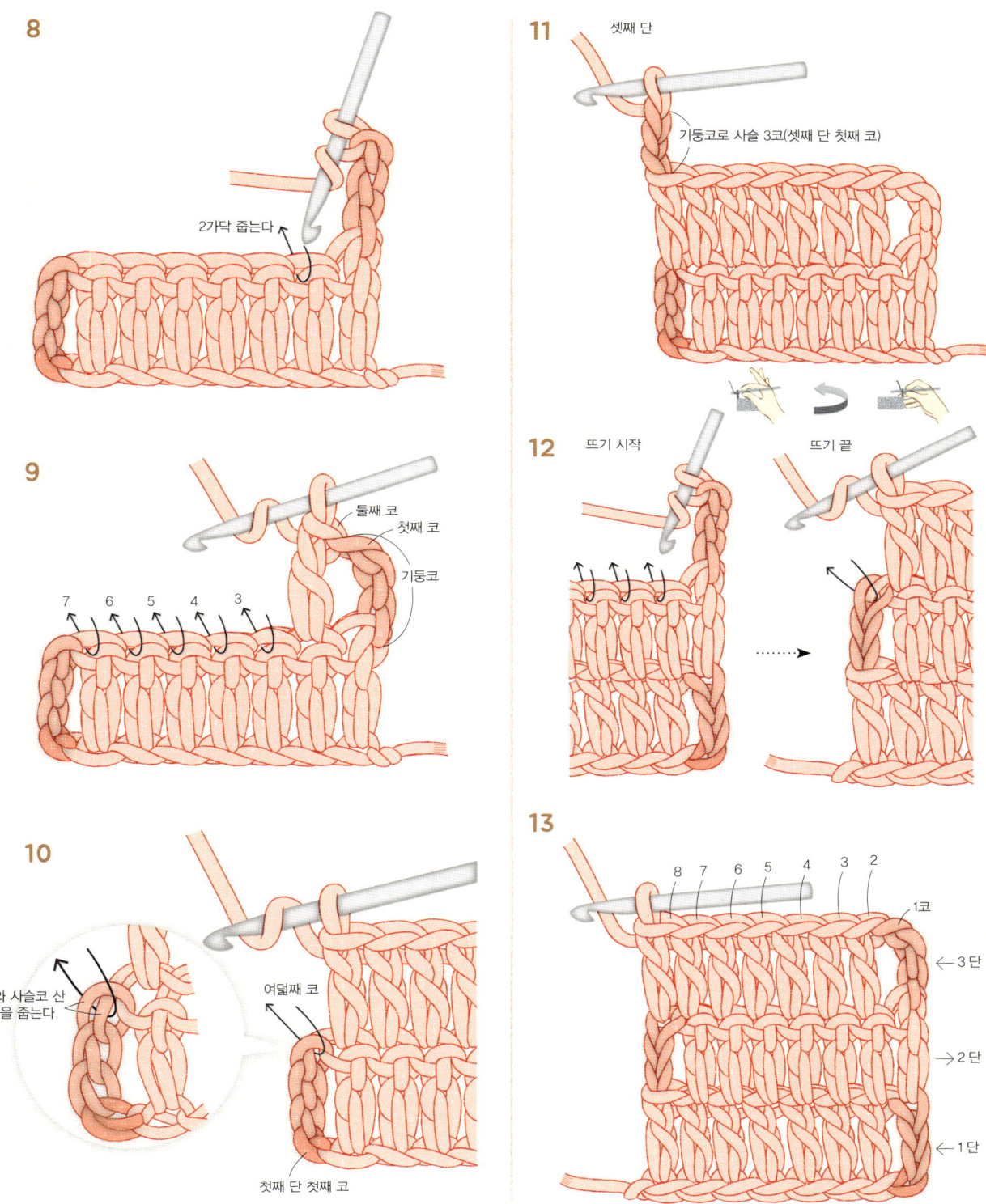

Basic Techniques —— 기본 뜨개법

 ## 두길긴뜨기

기둥코가 사슬 4코 높이인 뜨개코. 바늘에 실을 2번 걸고, 바늘에 걸려 있는 고리 안으로 2개씩 3번에 빼냅니다. 기둥코인 사슬 4코는 콧수로 세지 않습니다.

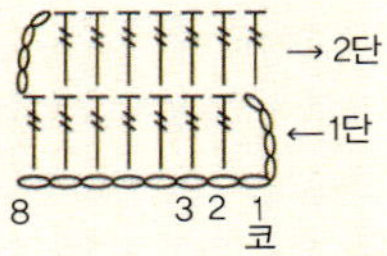

1 첫째 단

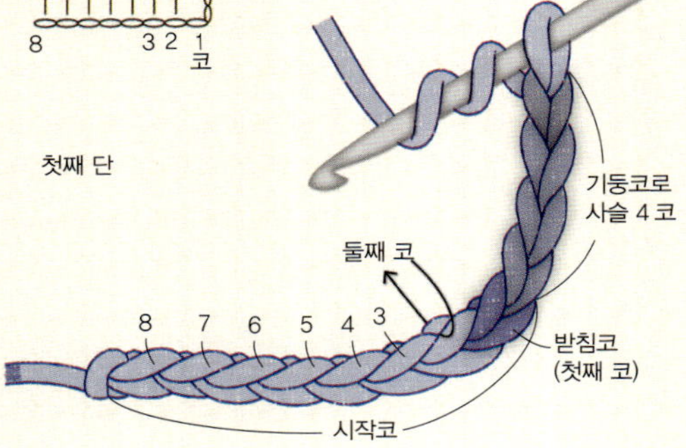

2 사슬 2코 높이만큼 실을 끌어낸다

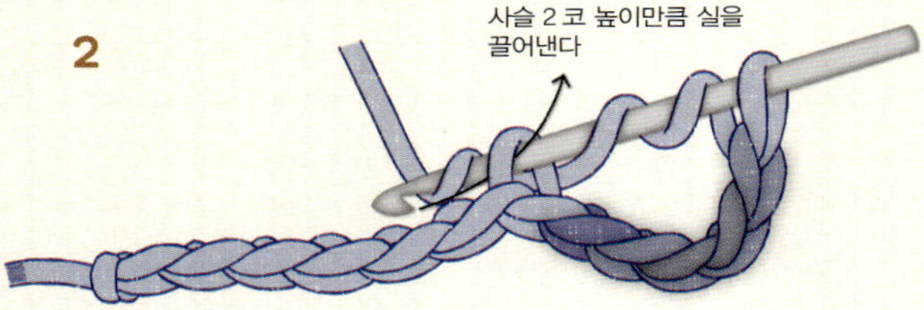

3 첫 번째 빼내기

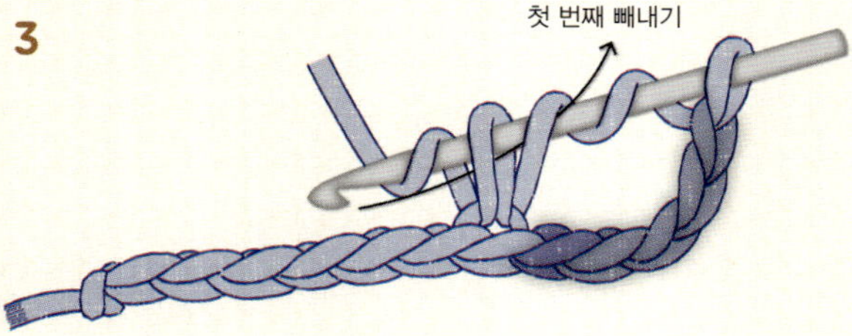

4 두 번째 빼내기

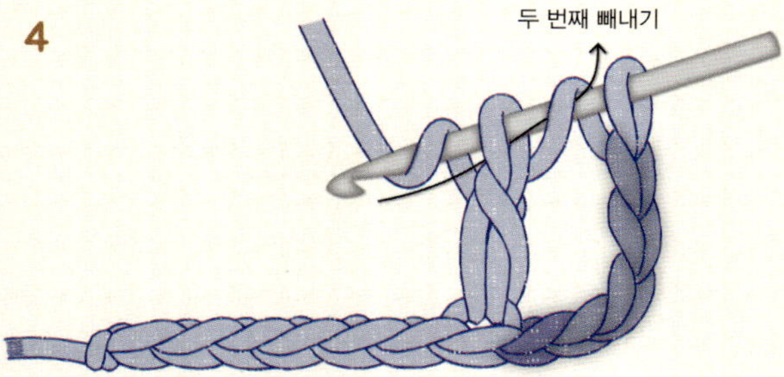

5 세 번째 빼내기

6

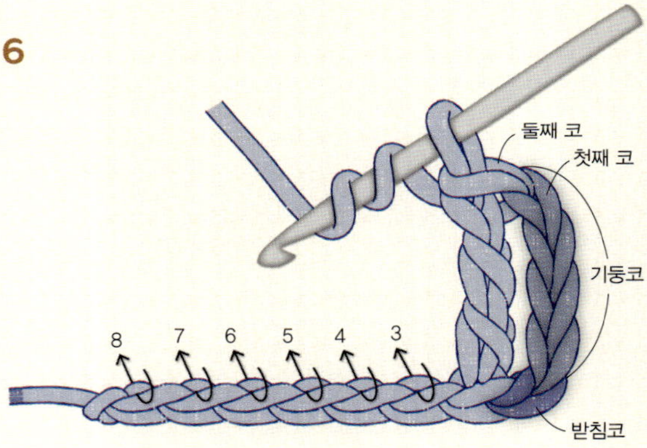

7

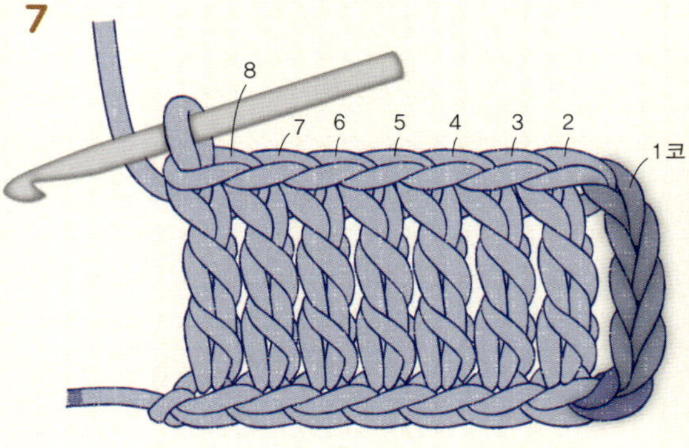

첫째 단의 뜨기 끝. 둘째 단 이후의 뜨는 법은 한길긴뜨기 참조.

Basic Techniques — 기본 뜨개법

세길긴뜨기

기둥코가 사슬 5코 높이인 뜨개코. 바늘에 실을 3번 걸고, 바늘에 걸려 있는 고리 안으로 2개씩 4번에 빼냅니다. 기둥코인 사슬 5코는 콧수로 세지 않습니다.

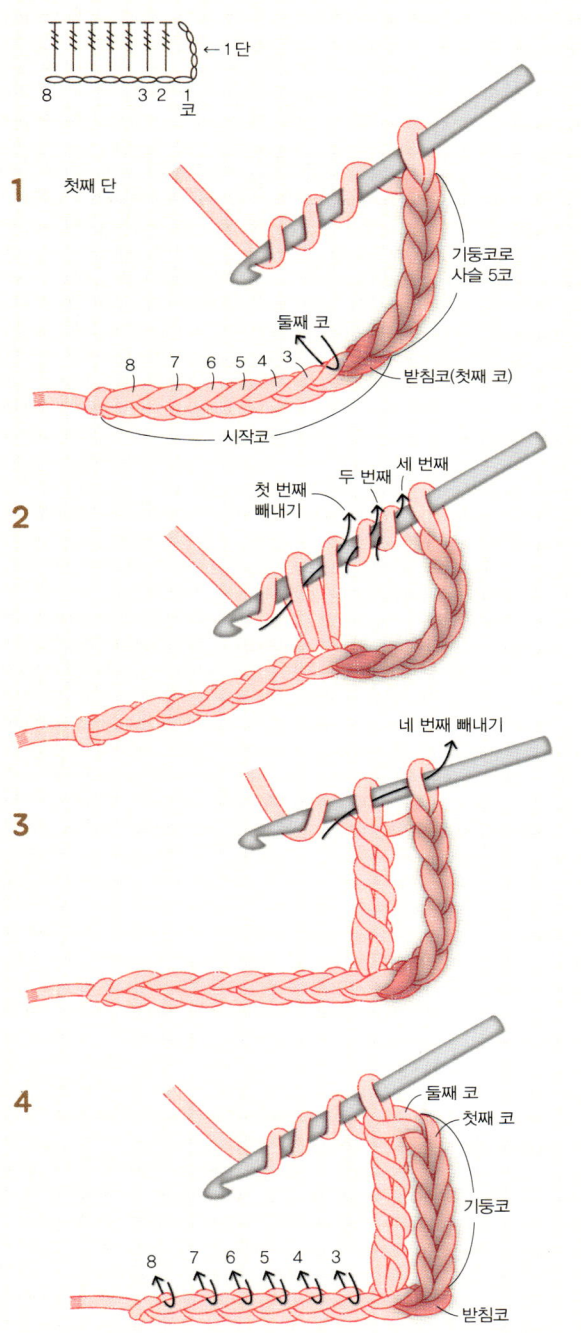

[시작코의 사슬코를 너무 많이 떴을 때]

시작코는 부족하면 다시 떠야 하므로 넉넉하게 뜨고, 남은 시작코는 뜨기 시작 쪽에서 풀어 버립니다.

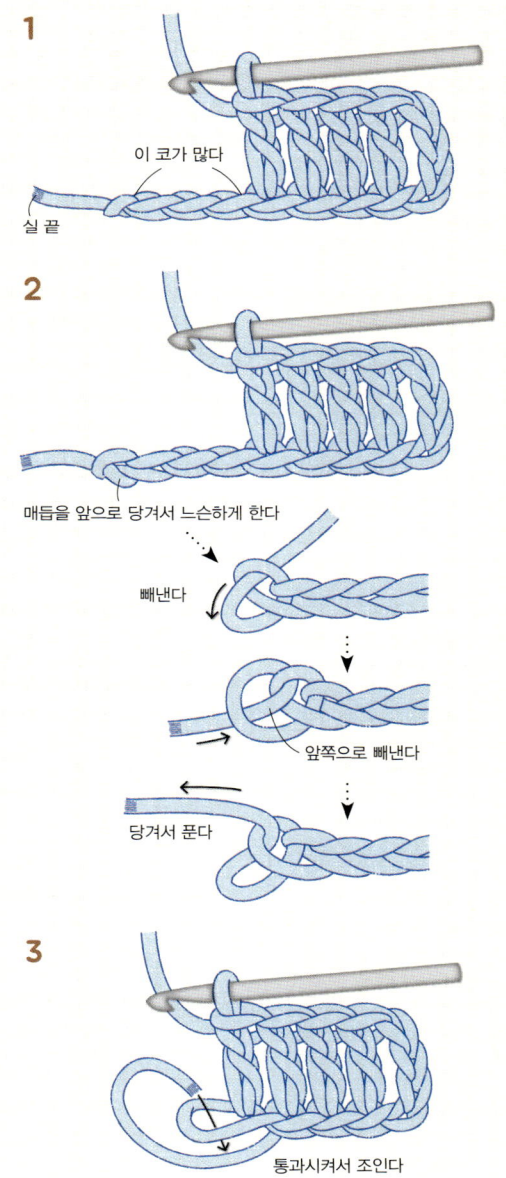

Basic Techniques — 기본 뜨개법

 빼뜨기
뜨개코에 높이가 없습니다. 앞단 코에 바늘을 넣고 실을 걸어서 한 번에 빼냅니다.

앞단이 짧은뜨기일 때

1
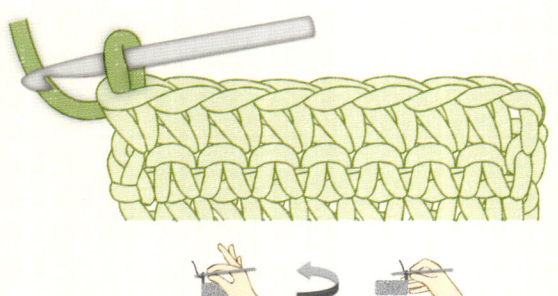

2
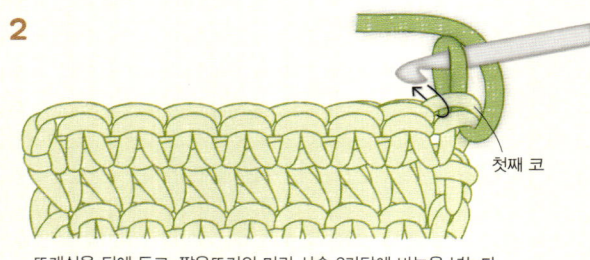
뜨개실을 뒤에 두고, 짧은뜨기의 머리 사슬 2가닥에 바늘을 넣는다.

3
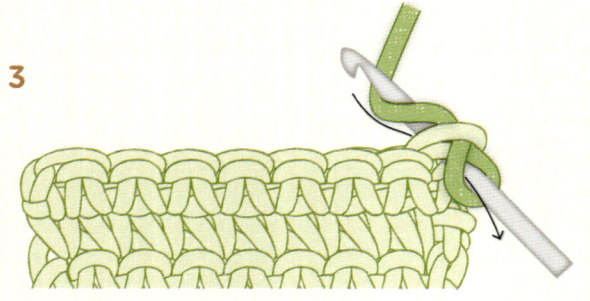
바늘에 실을 걸어서 한 번에 빼낸다.

4
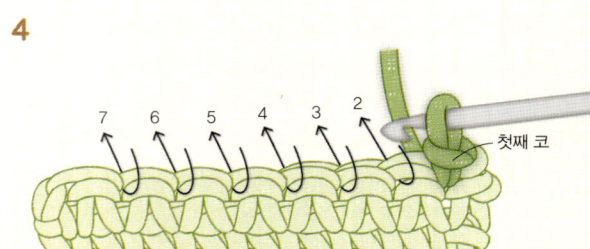

5
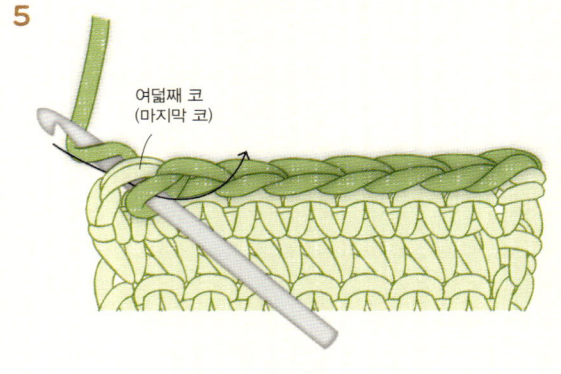

6
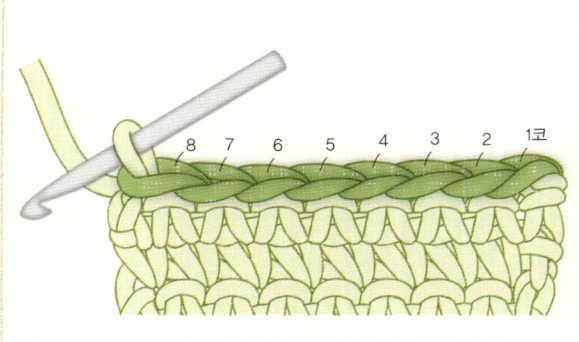

앞단이 한길긴뜨기일 때

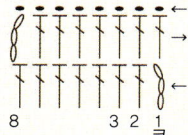

1

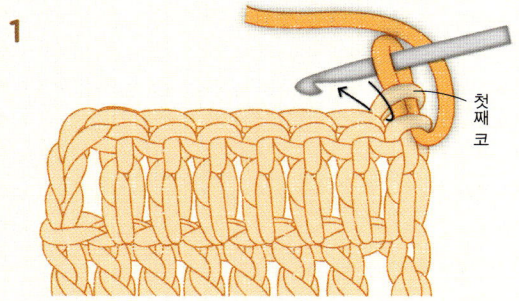

2

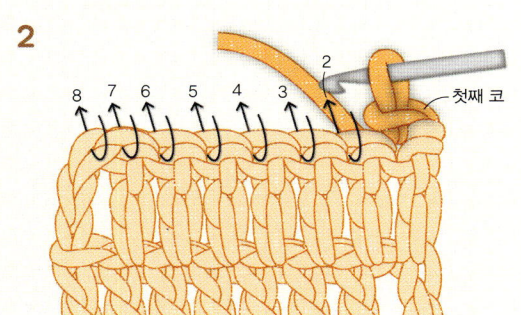

3

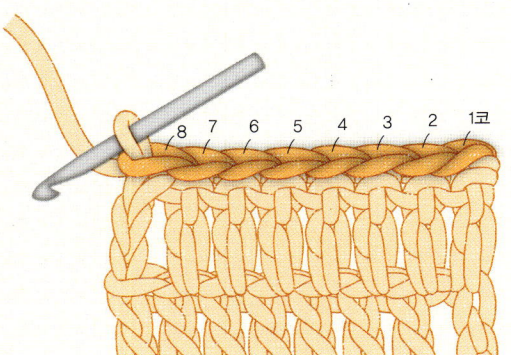

[빼뜨기 끈]

사슬코에 빼뜨기를 하면 끈이 됩니다. 사슬뜨기의 사슬코 산만 주워서 뜹니다.

1

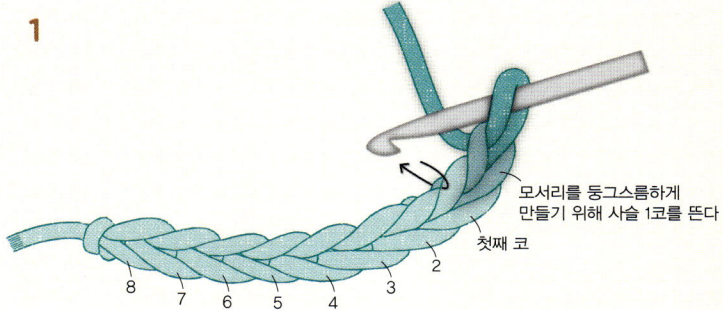

2

3

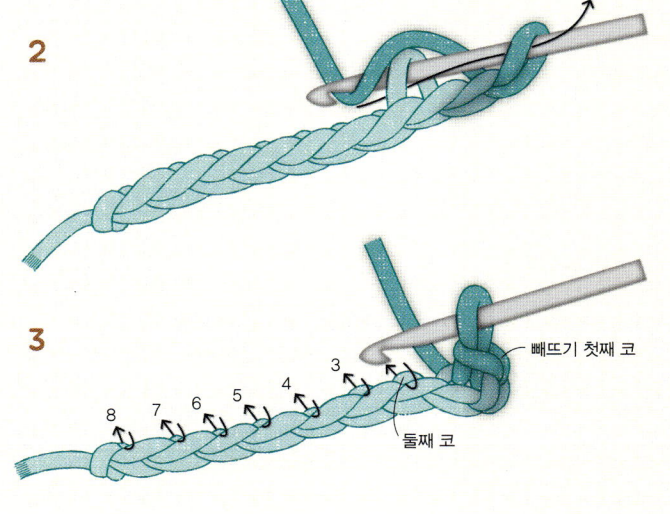

4

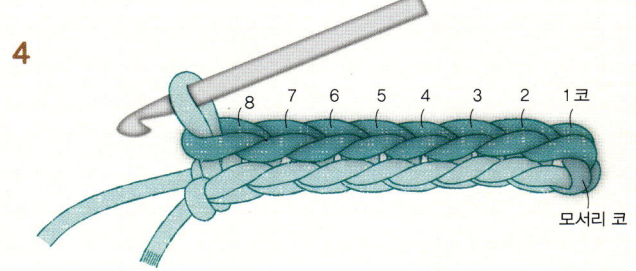

Basic Techniques —— 기본 뜨개법

 이랑뜨기와 줄기뜨기

주로 짧은뜨기, 긴뜨기, 한길긴뜨기의 둘째 단부터 시작합니다. 뜨는 방법은 기본적으로 같으나 앞단의 코 줍는 법이 다릅니다. 기본 뜨개법에서는 앞단의 사슬 모양 코를 2가닥 줍지만 이때는 사슬의 뒤쪽 반코만 주워서 뜹니다. 왕복뜨기(단마다 뜨개바탕을 돌려서 뜬다)를 할 때는 '이랑뜨기', 원통뜨기(시작코를 원통 모양으로 만들어서 단마다 앞쪽만 보며 뜬다)일 때는 '줄기뜨기'입니다. 완성한 뜨개바탕의 무늬가 달라져서 이름도 구분했습니다.

이랑뜨기(짧은뜨기일 때)

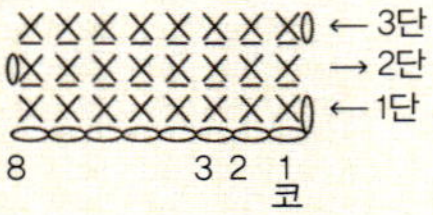

1 둘째 단

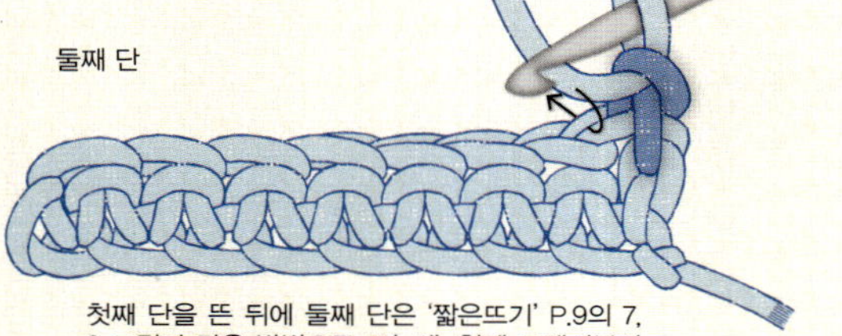

첫째 단을 뜬 뒤에 둘째 단은 '짧은뜨기' P.9의 7, 8 그림과 같은 방법으로 뜨는데, 첫째 코에서부터 앞단 코의 뒤쪽 반코에 바늘을 넣어서 짧은뜨기를 한다.

2

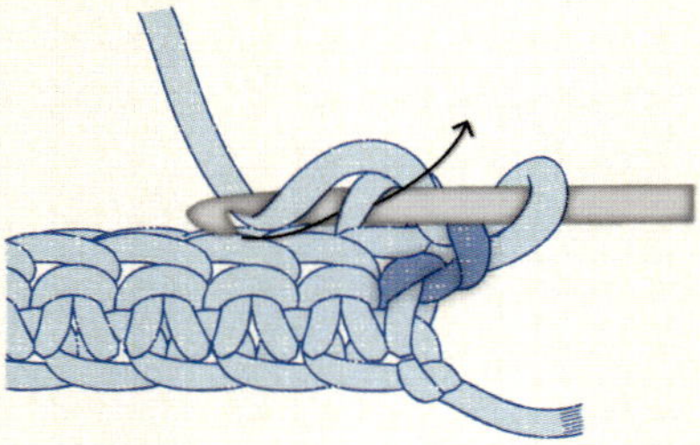

3

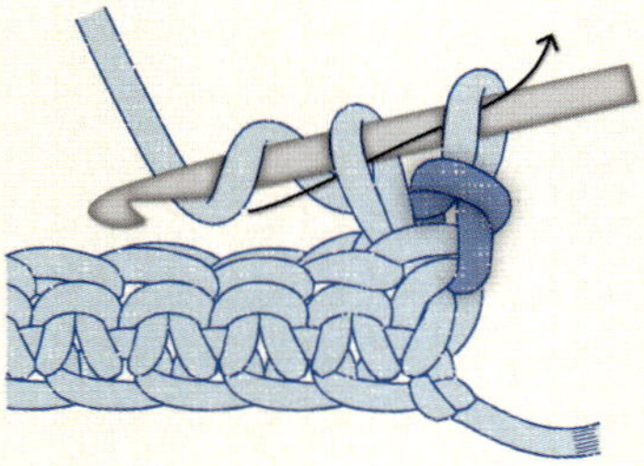

4

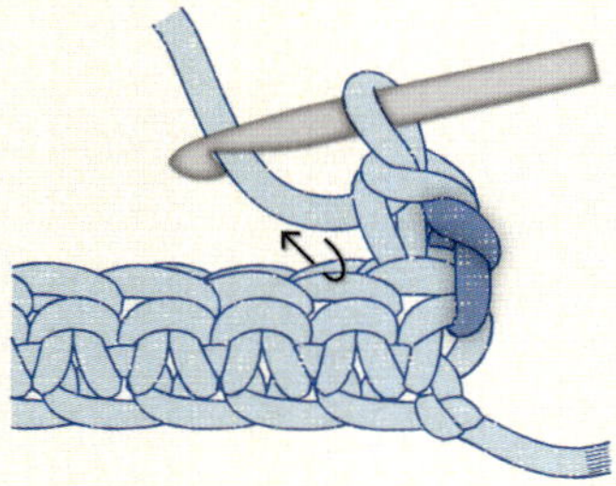

5

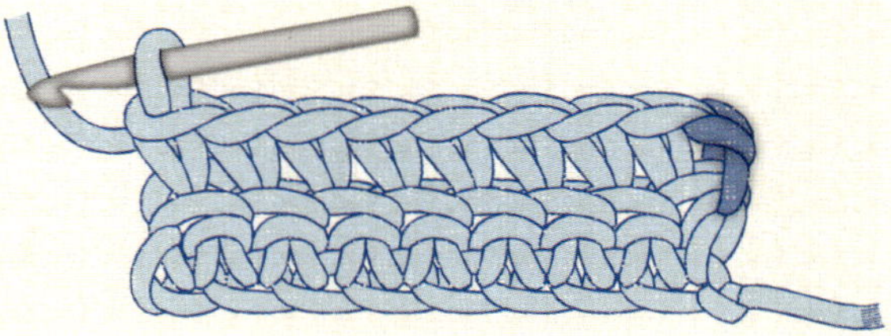

6 셋째 단

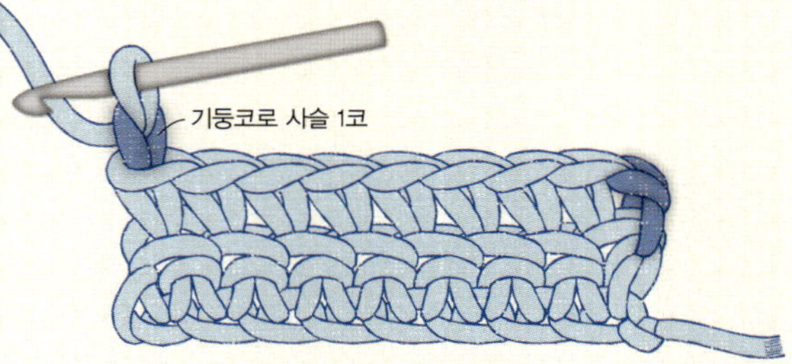

기둥코로 사슬 1코

7

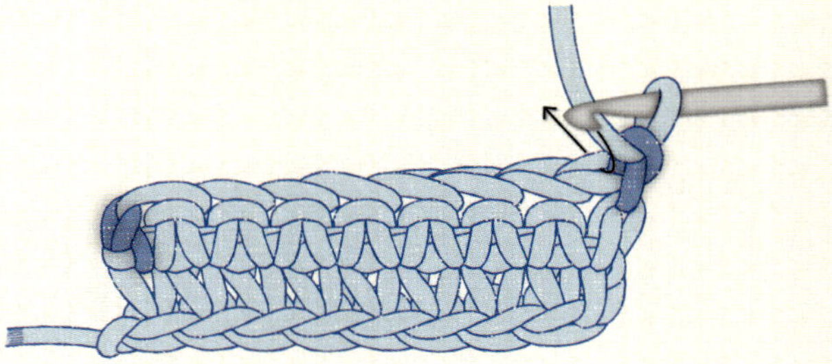

8

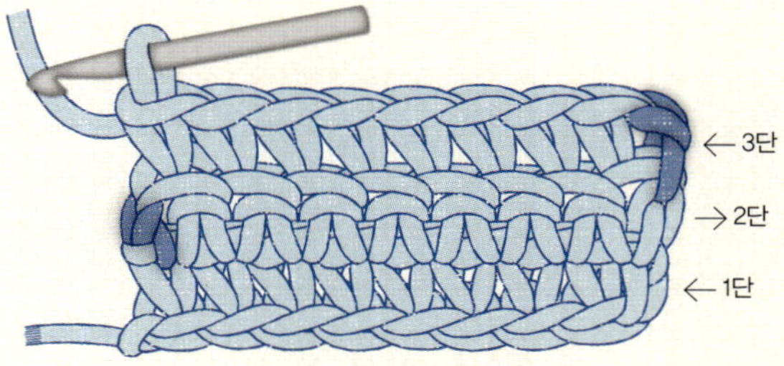

← 3단
→ 2단
← 1단

홀수 단의 뜨개코는 안으로 들어가고 짝수 단은 당겨져서 입체적인 이랑이 생긴다.

줄기뜨기(짧은뜨기로 원통뜨기를 할 때)

여기에서는 원통 모양 시작코와 첫째 단 뜨는 법도 익혀 봅시다.

←3단
←2단
←1단
3 2 1
코

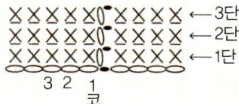

1

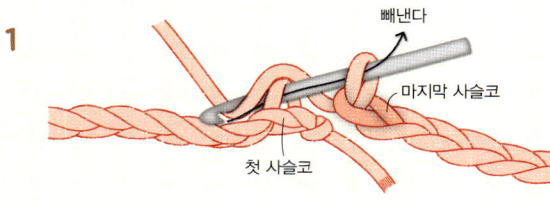

빼낸다
마지막 사슬코
첫 사슬코

2

빼낸 코

기둥코로 사슬 1 코를 뜬다

3

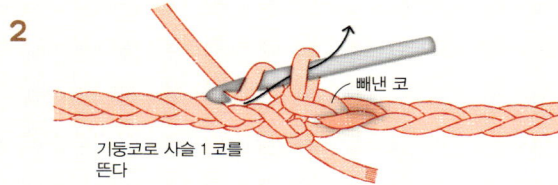

기둥코로 사슬 1 코

기둥코 1 코와 같은 사슬코 산에 바늘을 넣어서 짧은뜨기

4 첫째 단

짧은뜨기 첫째 코
콧수로는 세지 않는다

5

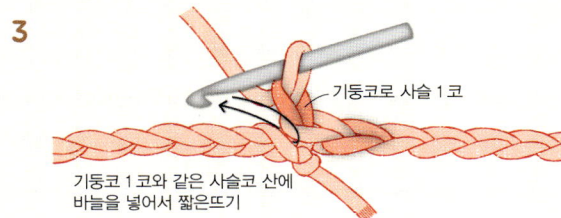

바늘을 뺀다

바늘을 한 번 빼서 화살표처럼 다시 넣는다

6

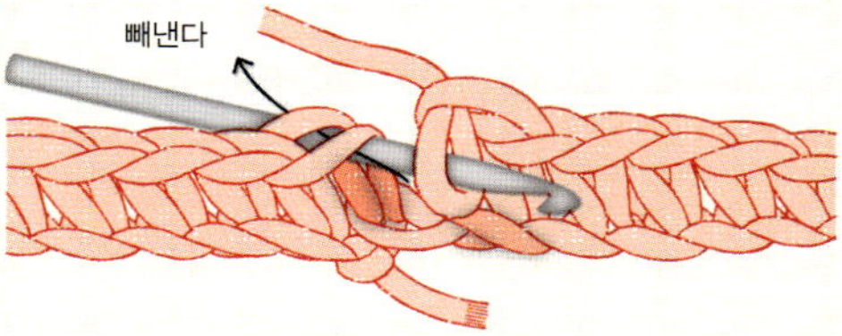

빼낸다

그대로 빼내면 이음매에 단이 생기지 않는다

7

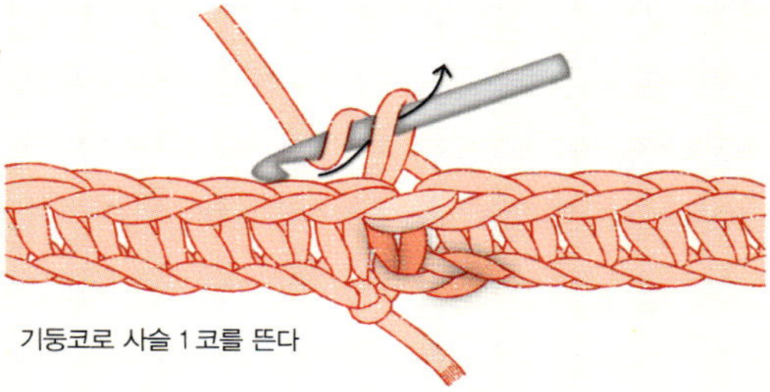

기둥코로 사슬 1 코를 뜬다

8 둘째 단

뒤쪽 반코 1 가닥만 줍는다
기둥코

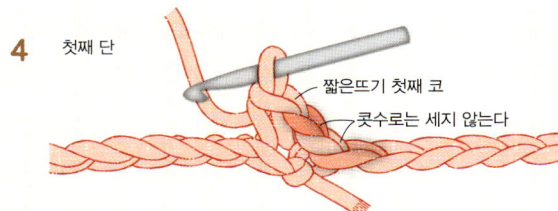

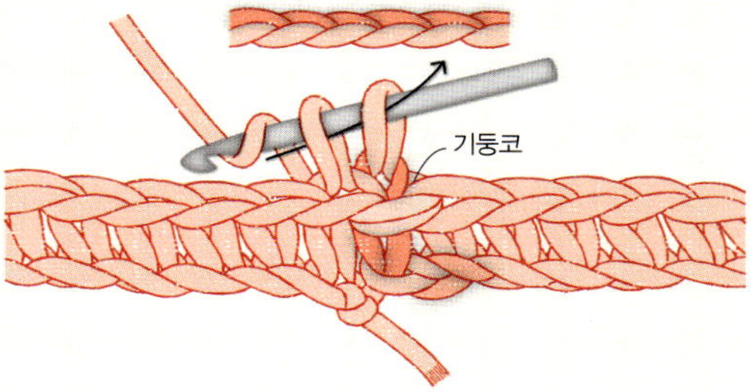

9

짧은뜨기 1 코

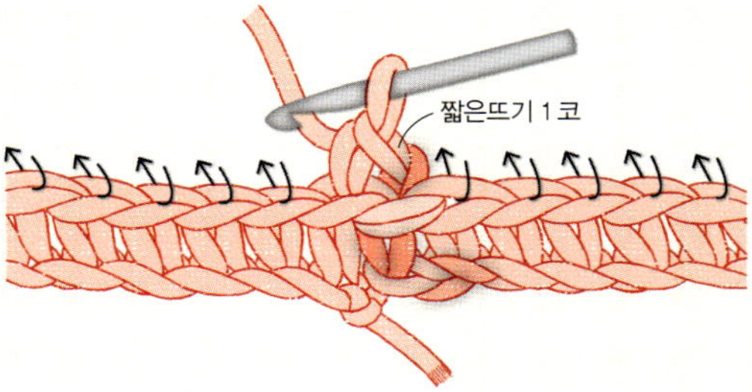

10

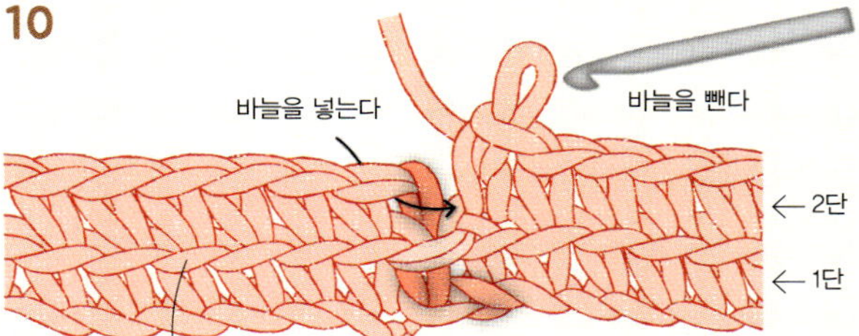

바늘을 넣는다
바늘을 뺀다
←2단
←1단

앞쪽 반코가 줄기처럼 보인다

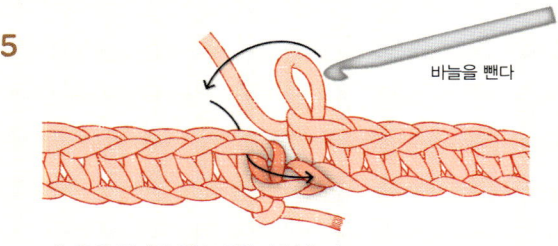

Crochet Patterns
자주 사용하는 뜨개바탕

코바늘 손뜨개 작품집에 자주 등장하는 뜨개바탕 5종류를 소개합니다. 앤티크 크로셰 레이스에도 많이 사용되었고 앞으로도 계속 사랑받을 단순하고도 아름다운 무늬입니다.
다양한 뜨개바탕은 기본 뜨개법을 조합하여 만들 수 있습니다. 비침무늬는 사슬뜨기를 많이 사용하고, 입체적인 악센트를 주려면 뜨개코 여러 개를 합치거나 아랫단을 이용해서 두툼하게 만듭니다.

Crochet Patterns — 자주 사용하는 뜨개바탕

그물뜨기

사슬뜨기와 짧은뜨기를 조합하여 그물코처럼 뜨는 뜨개바탕입니다. 첫째 단 짧은뜨기는 시작코 사슬의 반코와 사슬코 산 2가닥을 주워서 뜨면 뜨개바탕 가장자리가 잘 자리 잡습니다.

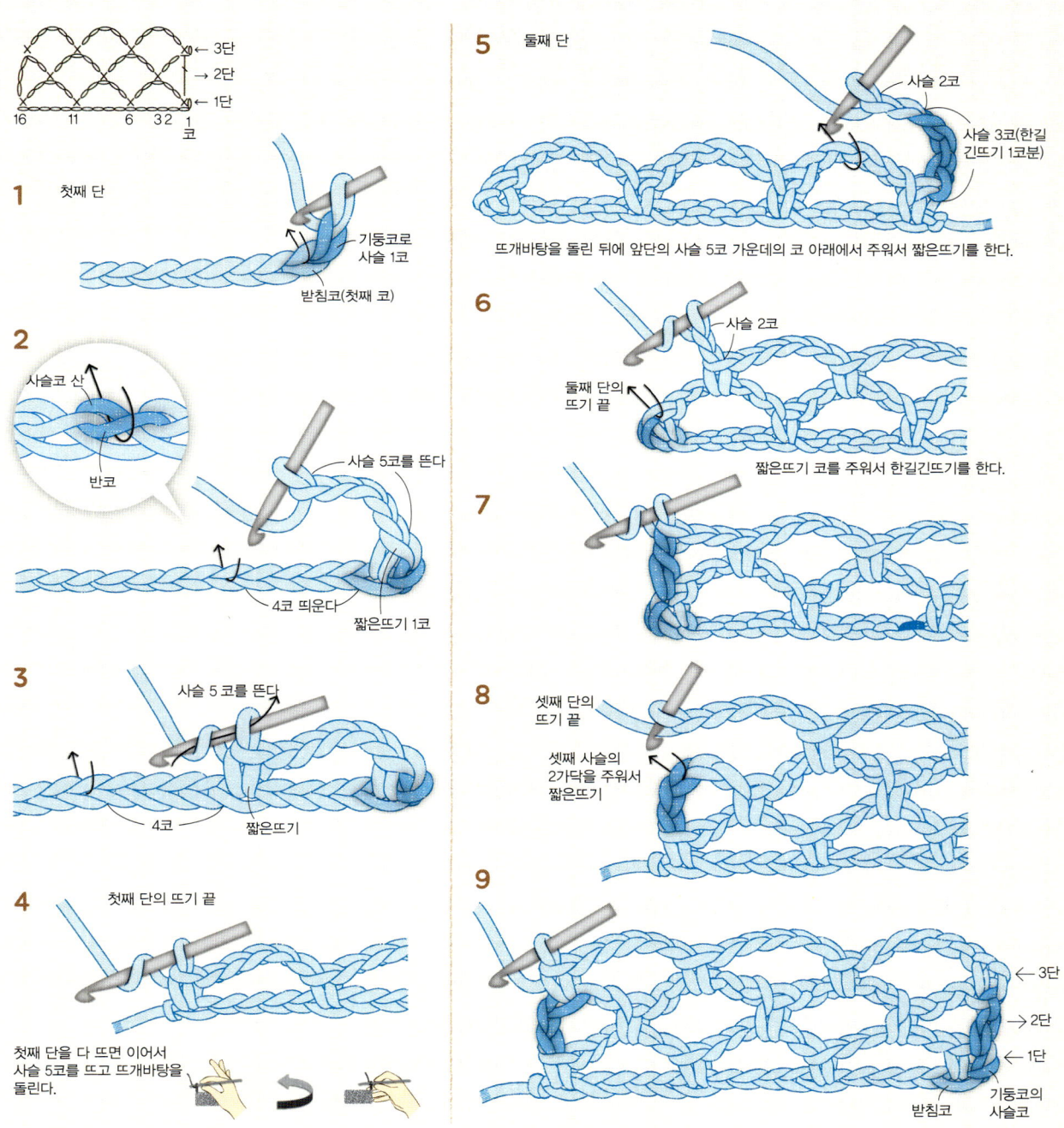

Crochet Patterns — 자주 사용하는 뜨개바탕

모눈뜨기

한길긴뜨기와 사슬뜨기를 조합하여 모눈 모양으로 뜨는 뜨개바탕입니다. 칸(1모눈)의 사슬 콧수에 따라서 '1코 모눈', '2코 모눈'이라고 합니다.

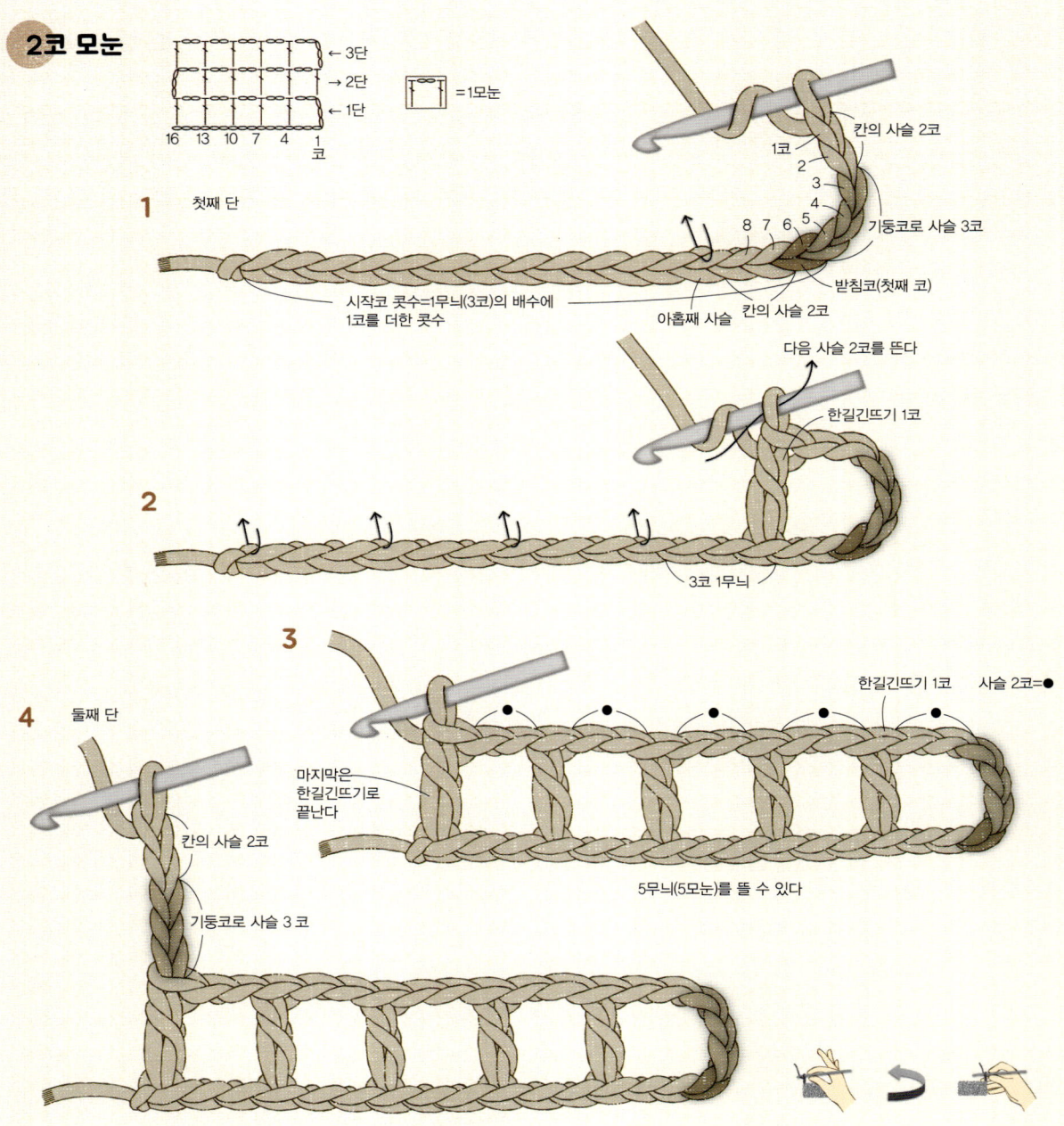

[2코 모눈뜨기의 무늬뜨기]

칸의 사슬뜨기를 한길긴뜨기로 바꾸면 모눈이 메워져서 무늬가 생깁니다. 앞단의 사슬코는 모두 코 아래에서 줍습니다.

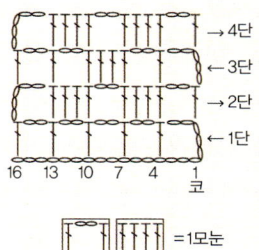

5

앞단 한길긴뜨기 코의 머리에 바늘을 넣어서 한길긴뜨기를 한다.

1

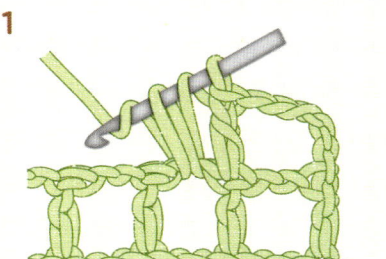

6

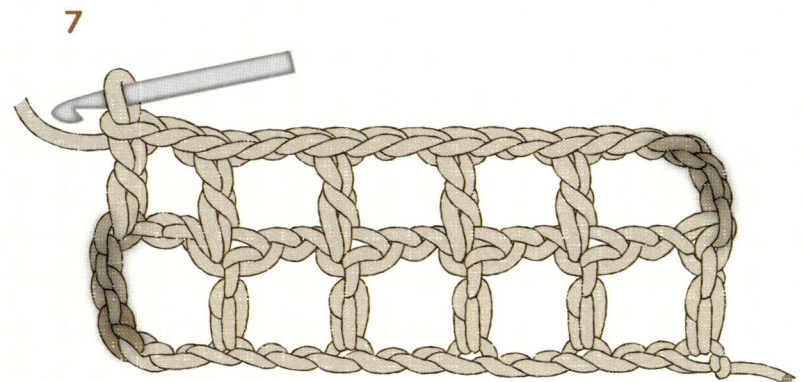

마지막은 기둥코의 셋째 사슬에 바늘을 넣는다('한길긴뜨기' P.13의 10 참조).

2

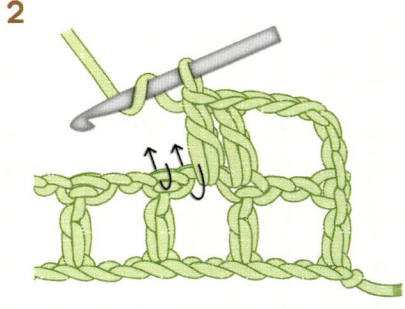

7

3

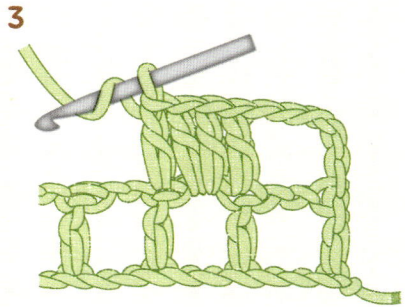

23

Crochet Patterns —— 자주 사용하는 뜨개바탕

구슬뜨기

같은 코에 한길긴뜨기나 긴뜨기 등의 미완성 코를 3코, 4코, 5코 뜬 뒤에 한 번에 빼내면 구슬 모양의 뜨개코가 됩니다.

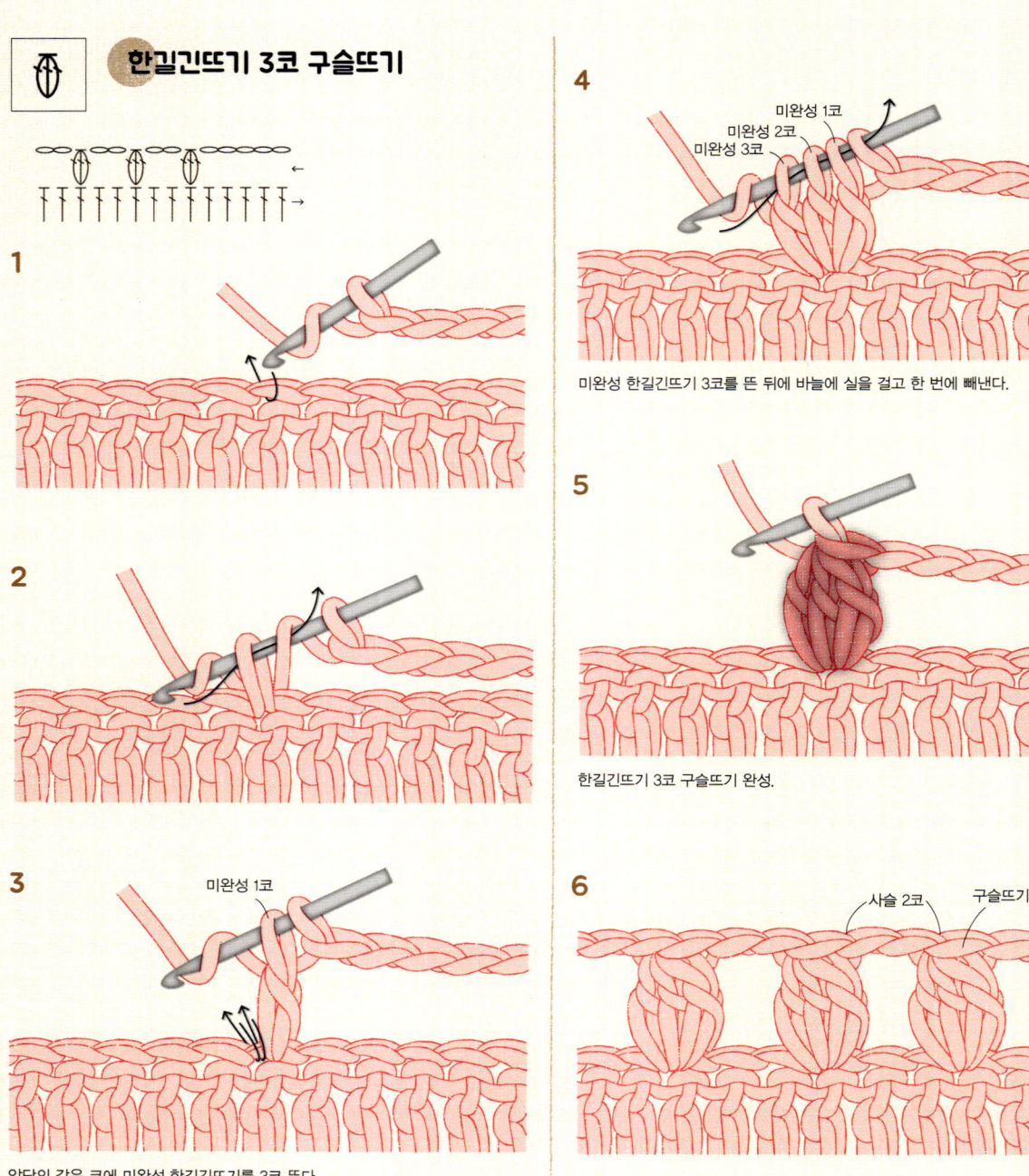

긴뜨기 3코 구슬뜨기

[앞단이 사슬뜨기일 때의 구슬뜨기]

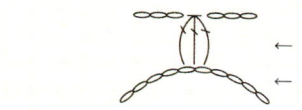

A 일반적인 뜨개법이며 가운데 부분의 사슬코 아래에서 코를 주워서 뜬다.

1
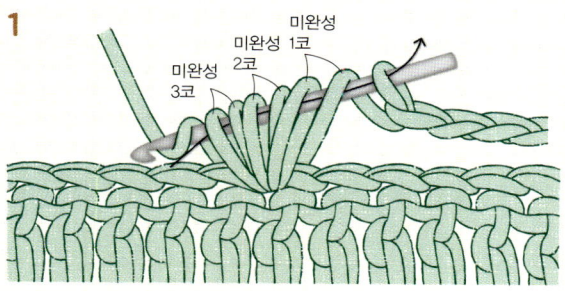
미완성 긴뜨기 3코를 뜬 뒤에 한 번에 빼낸다.

2
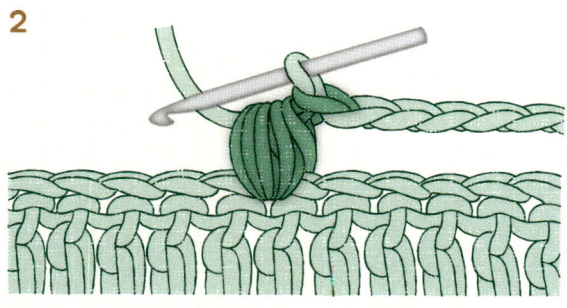
긴뜨기 3코 구슬뜨기 완성.

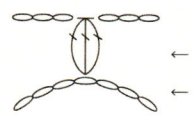

B 구슬뜨기를 고정하고 싶을 때는 사슬코 가운데의 1코(홀수 코)를 주워서 뜬다.

3
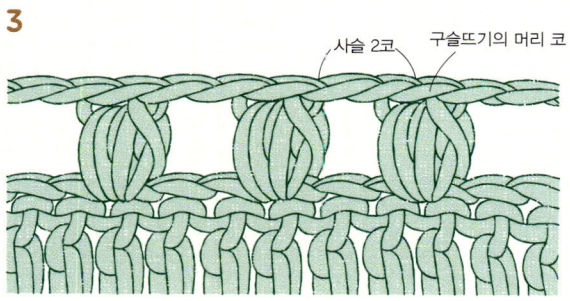

Crochet Patterns —— 자주 사용하는 뜨개바탕

팝콘뜨기

같은 코에 한길긴뜨기나 긴뜨기, 또는 두길긴뜨기를 5코 뜬 뒤에 일단 바늘을 빼서 첫째 코에 다시 넣고, 다섯 째 코를 빼냅니다. 그러면 팝콘처럼 동그란 뜨개코가 됩니다. 뜨개바탕의 앞뒤에서 마지막에 빼내는 법이 다르므로 주의하세요.

 한길긴뜨기 5코 팝콘뜨기
앞쪽을 보고 뜰 때

1
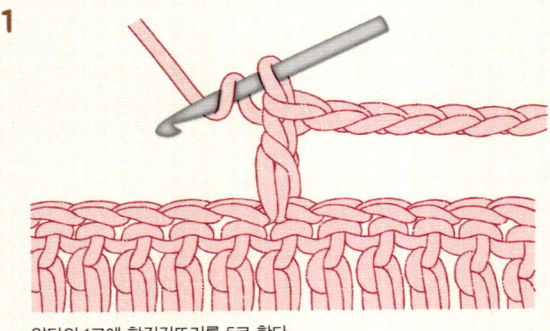
앞단의 1코에 한길긴뜨기를 5코 한다.

2
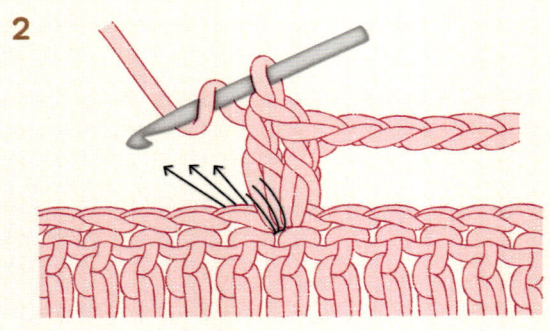
한길긴뜨기 5코를 뜬 뒤에 바늘을 일단 뺀다.

3
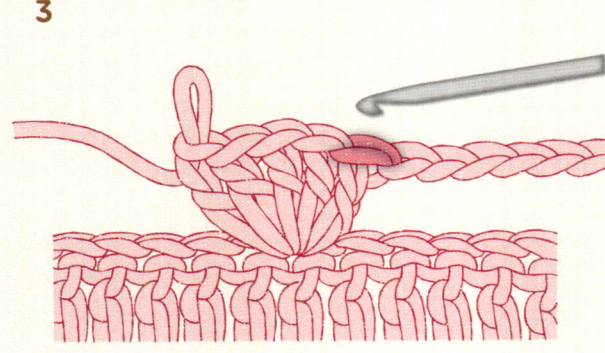
한길긴뜨기 5코를 뜬 뒤에 바늘을 일단 뺀다.

4
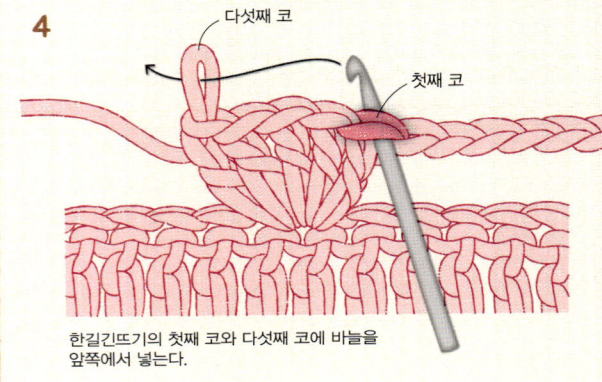
한길긴뜨기의 첫째 코와 다섯째 코에 바늘을 앞쪽에서 넣는다.

5
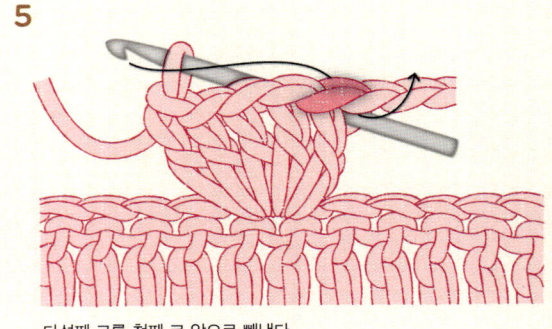
다섯째 코를 첫째 코 안으로 빼낸다.

6
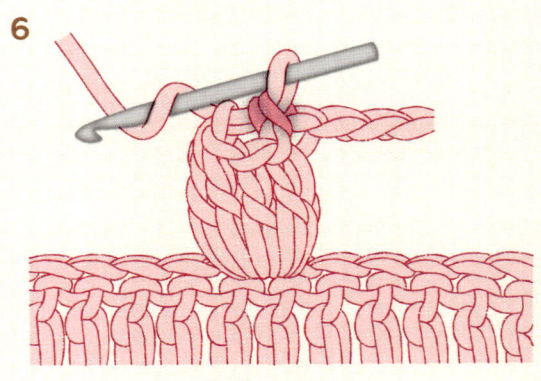
실을 걸고 빼내서 팝콘 모양 뜨개코를 조인다.

7

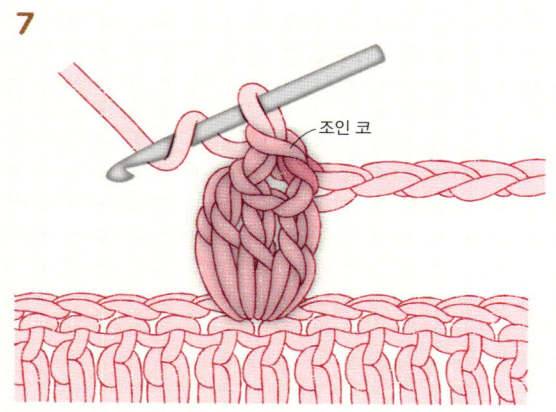

조인 코

8

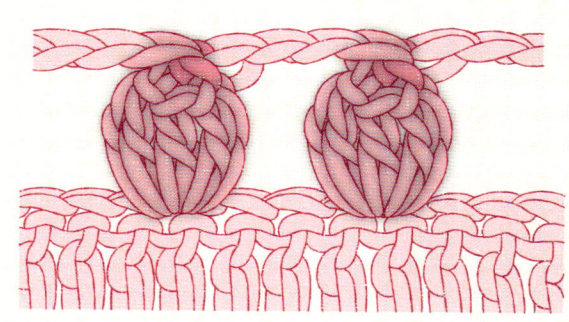

뒤쪽을 보고 뜰 때

1

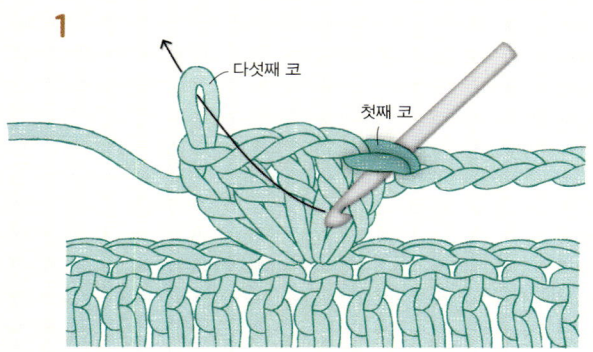

다섯째 코
첫째 코

앞쪽과 같은 방법으로 한길긴뜨기 5코를 뜬 뒤에 바늘을 일단 뺀다. 바늘을 첫째 코에는 뒤쪽에서, 다섯째 코에는 앞쪽에서 넣는다.

2

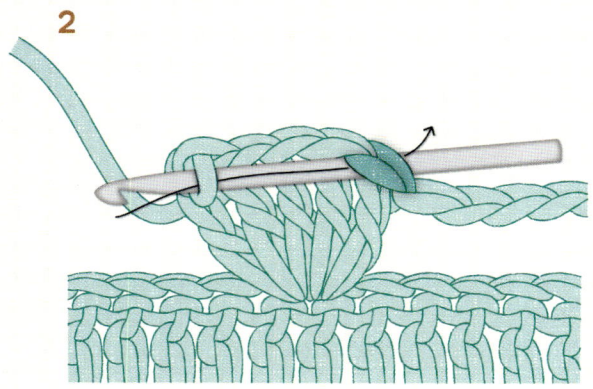

다섯째 코를 첫째 코 안으로 빼낸다.

3

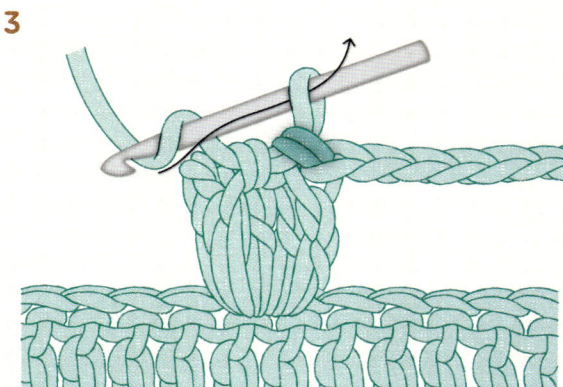

실을 걸고 빼내서 조인다. 뜨개코는 뒤쪽(앞쪽)으로 튀어나온다.

4

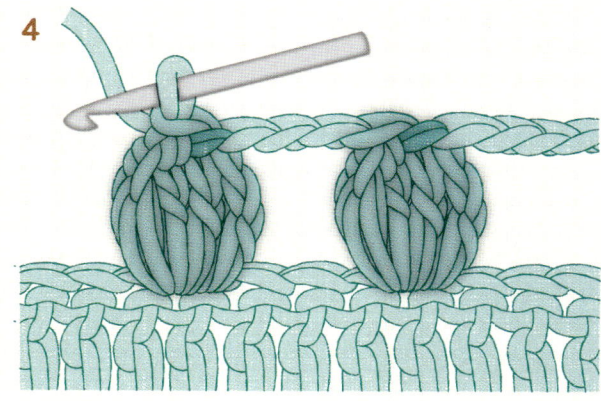

27

Crochet Patterns — 자주 사용하는 뜨개바탕

걸어뜨기

앞단 뜨개코의 다리(기둥)를 가로로 주워서 뜹니다. 걸어서 끌어올린 뜨개코는 올록볼록한 느낌의 뜨개무늬를 만듭니다. 앞을 보고 앞쪽에서 주워서 뜨는 것이 '앞걸어뜨기', 뒤쪽에서 주워서 뜨는 것이 '뒤걸어뜨기'이며 짧은뜨기나 긴뜨기일 때도 같은 요령으로 줍습니다.

 한길긴뜨기 앞걸어뜨기

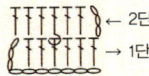

1

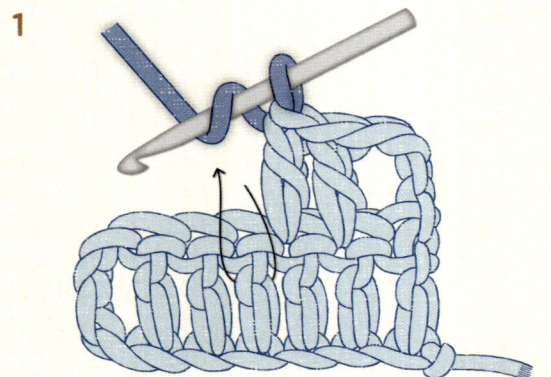

바늘에 실을 걸고 앞단의 뜨개코 다리에 그대로 앞쪽에서 바늘을 넣는다.

2

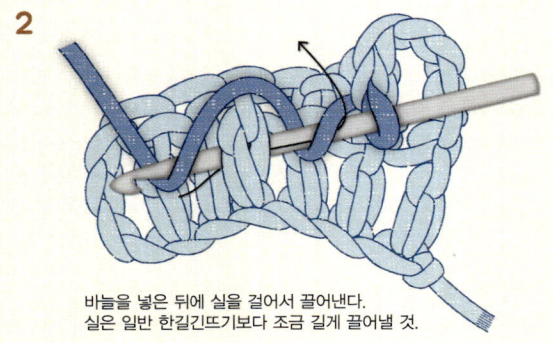

바늘을 넣은 뒤에 실을 걸어서 끌어낸다.
실은 일반 한길긴뜨기보다 조금 길게 끌어낼 것.

3

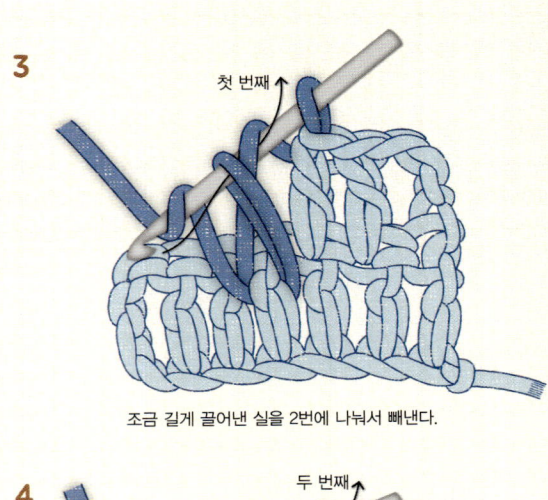

첫 번째

조금 길게 끌어낸 실을 2번에 나눠서 빼낸다.

4

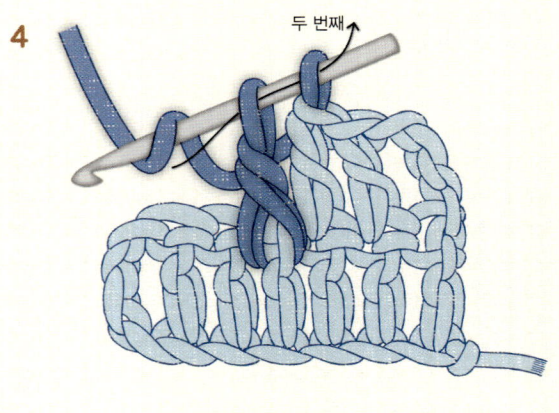

두 번째

5

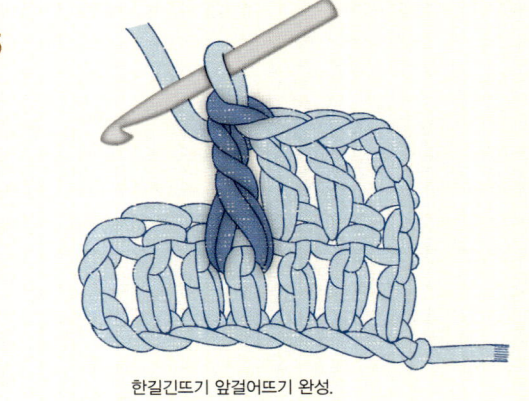

한길긴뜨기 앞걸어뜨기 완성.

한길긴뜨기 뒤걸어뜨기

1
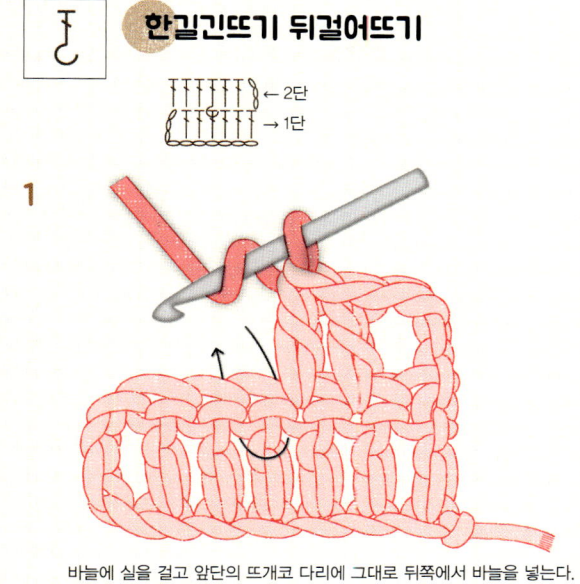
바늘에 실을 걸고 앞단의 뜨개코 다리에 그대로 뒤쪽에서 바늘을 넣는다.

2
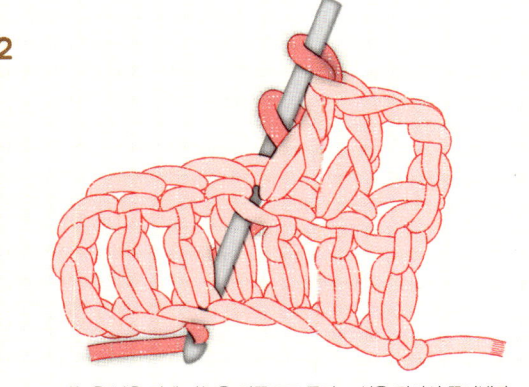
바늘을 넣은 뒤에 바늘을 뒤쪽으로 돌리고 실을 걸어서 끌어낸다.

3
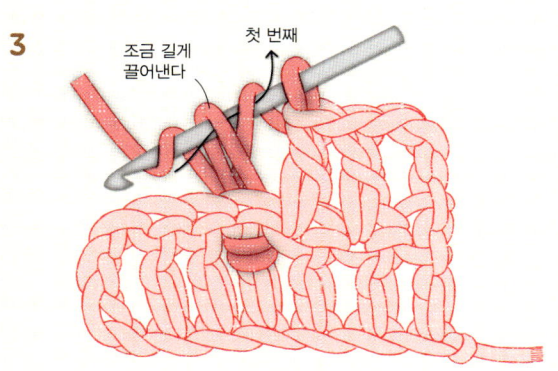
끌어낸 실을 2번에 나눠서 빼낸다.

4
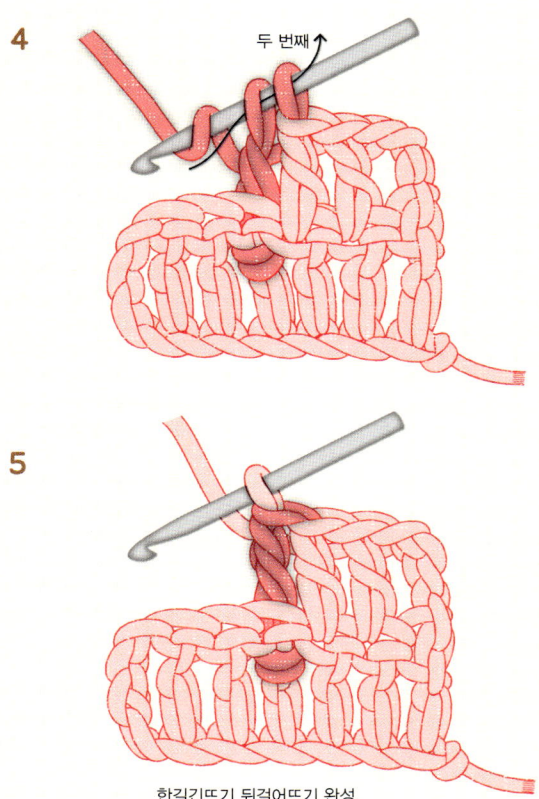

5

한길긴뜨기 뒤걸어뜨기 완성.

세로로 연속해서 뜰 때

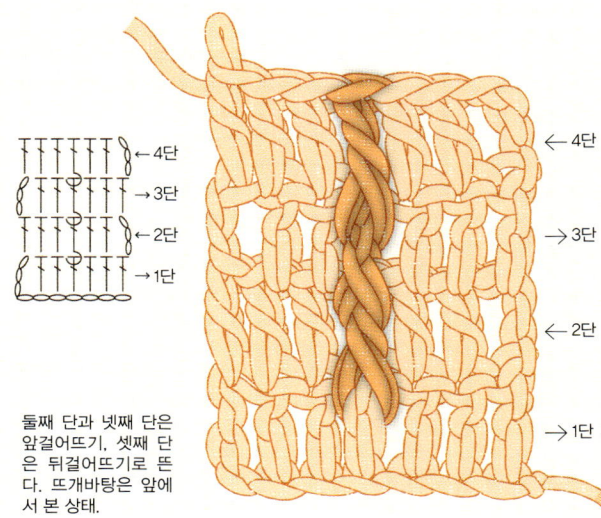

둘째 단과 넷째 단은 앞걸어뜨기, 셋째 단은 뒤걸어뜨기로 뜬다. 뜨개바탕은 앞에서 본 상태.

익혀 두면 좋은 뜨개법과 마무리 방법

옷을 뜰 때나 소품을 만들 때 유용한 뜨개법을 모았습니다. 모자나 인형을 뜰 때
사용하는 '코 늘리기와 코 줄이기', 가방의 옆면이나 바닥 등 뜨개바탕 2장을 잇는 '단과 단 잇기,
코와 코 잇기', 마지막 단을 장식하거나 탄탄하게 마무리할 수 있는 '가장자리뜨기' 등을 소개합니다.
완성도를 높이려면 한코 한코 바늘을 넣는 위치가 중요합니다.

Other Techniques — 코를 늘리거나 줄이는 방법

코 늘리기와 코 줄이기

'코 늘리기'와 '코 줄이기'는 둘 다 뜨개바탕의 가장자리에서 늘리거나 줄이는 경우와 중간에서 하는 경우가 있습니다. 뜨개바탕 가장자리에서는 완만한 사선이나 곡선, 한 번에 많은 콧수를 늘리거나 줄일 때 사용하고, 중간에서는 뜨개바탕을 고르게 넓히거나 좁힐 때 사용합니다.

짧은뜨기일 때

짧은뜨기를 1코 늘리기 (짧은뜨기 2코 늘려뜨기)

앞단의 1코에 2코를 뜹니다.

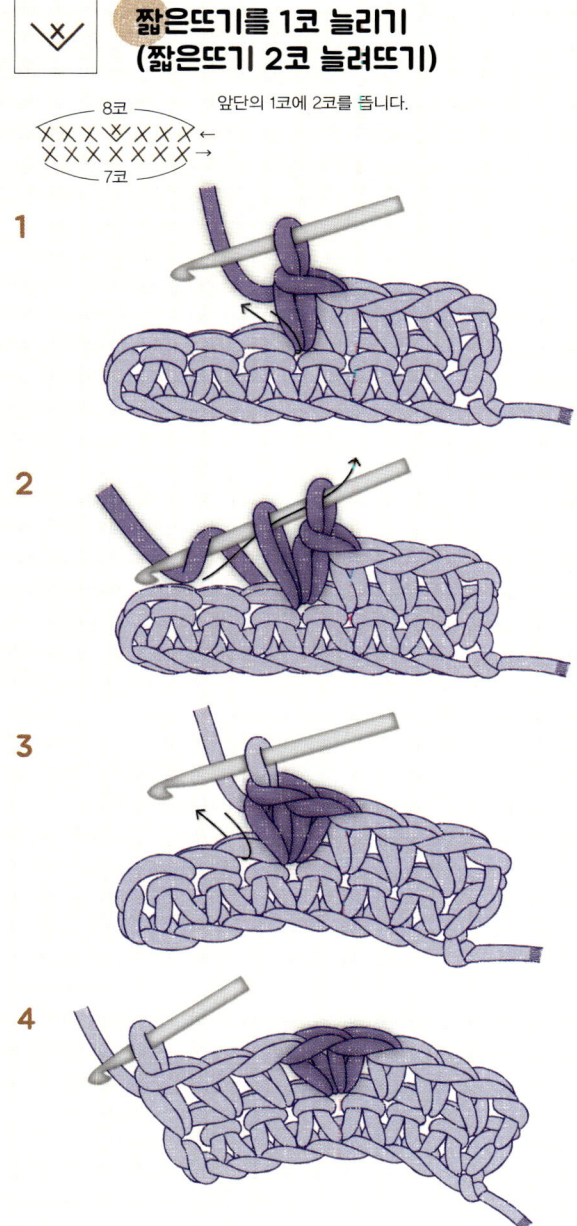

짧은뜨기를 2코 늘리기 (짧은뜨기 3코 늘려뜨기)

앞단의 1코에 3코를 뜹니다.

1,2 왼쪽과 같은 방법으로 뜬다.

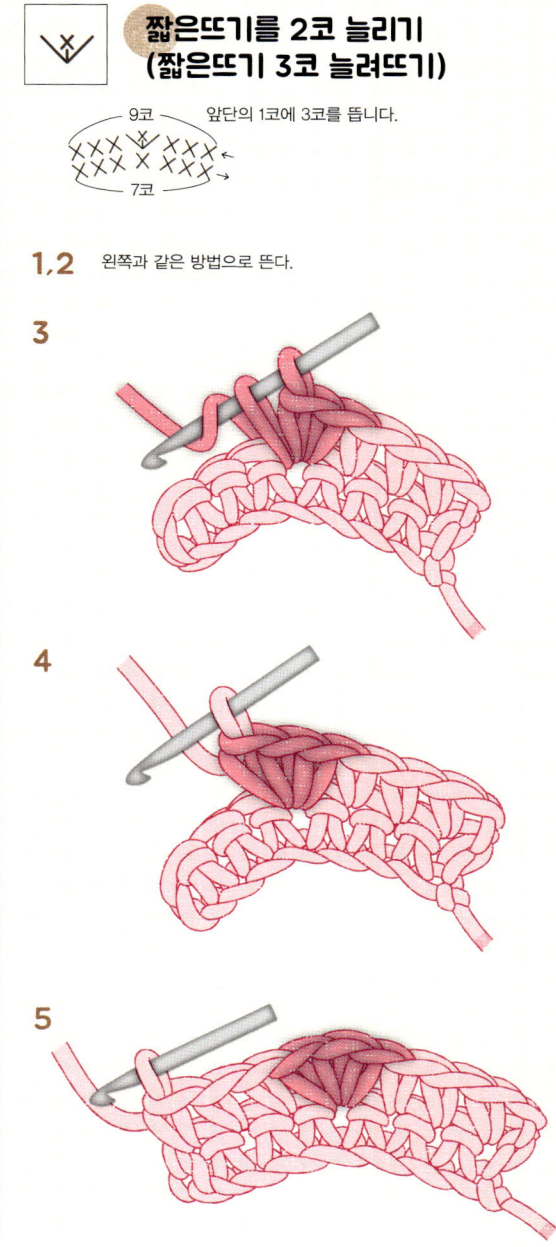

Other Techniques —— 코를 늘리거나 줄이는 방법

 짧은뜨기를 1코 줄이기(짧은뜨기 2코 모아뜨기)
앞단의 2코에 미완성 코를 2코 만들고 한 번에 빼냅니다.

1
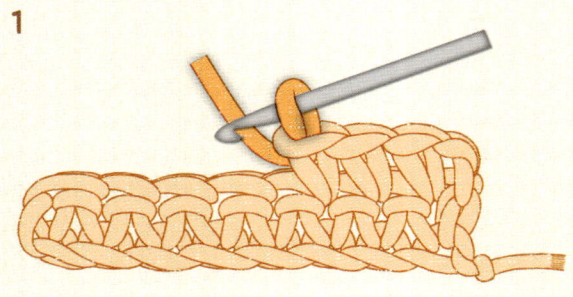

4
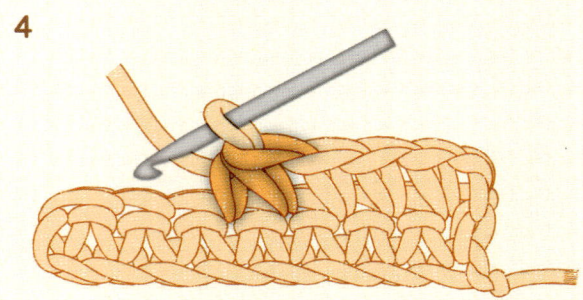

2
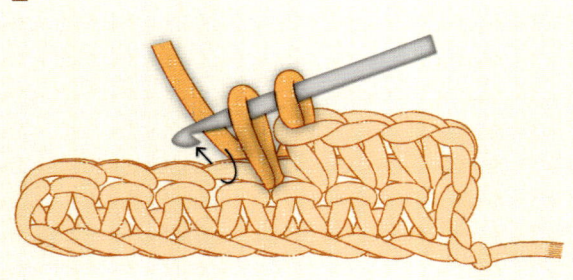

5
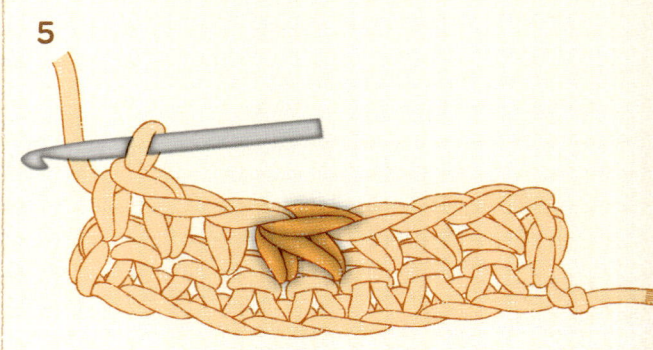

3

INCREASES & DECREASES

🔵 실을 걸치고 줄이는 방법

단을 시작하면서 2코 이상을 줄이는 경우로 완만하게 코가 줄어듭니다.
단을 끝내는 곳에서는 줄일 코까지 뜬 뒤에 남은 앞단 코는 그대로 두고 뜨개바탕을 돌려서 다음 단으로 옮깁니다.

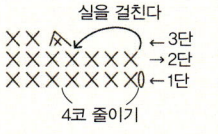

1 둘째 단의 끝

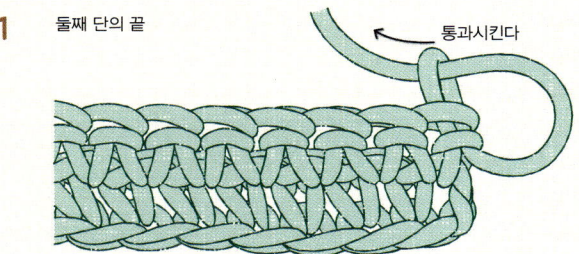

뜨기 끝의 코에 실을 통과시키고, 풀리지 않도록 조인다.

2 셋째 단의 뜨기 시작

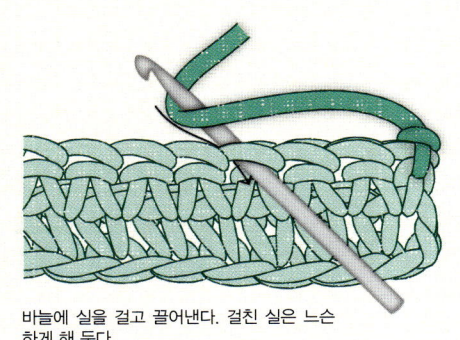

가장자리에서부터 넷째 코에 바늘을 앞에서 넣는다.

3

바늘에 실을 걸고 끌어낸다. 걸친 실은 느슨하게 해 둔다.

4

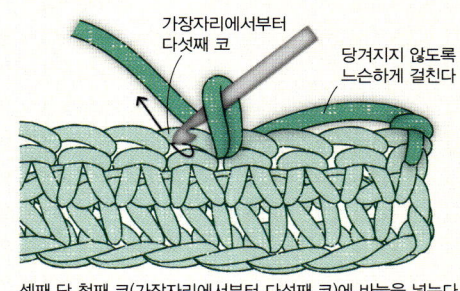

셋째 단 첫째 코(가장자리에서부터 다섯째 코)에 바늘을 넣는다.

5

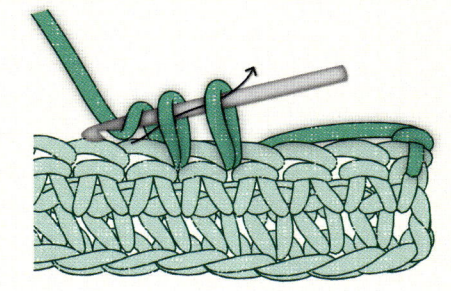

바늘에 걸려 있는 2코를 한 번에 빼낸다.

6

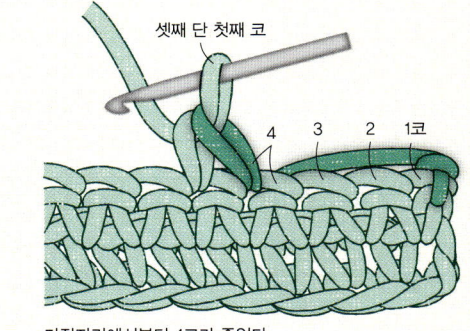

가장자리에서부터 4코가 줄었다.

7

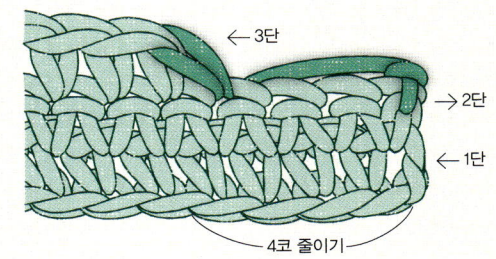

Other Techniques — 코를 늘리거나 줄이는 방법

한길긴뜨기일 때

 한길긴뜨기를 1코 늘리기 (한길긴뜨기 2코 늘려뜨기)

앞단의 1코에 2코를 뜹니다.

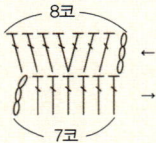

1
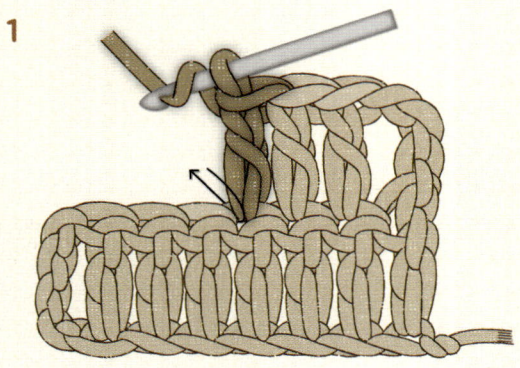

2
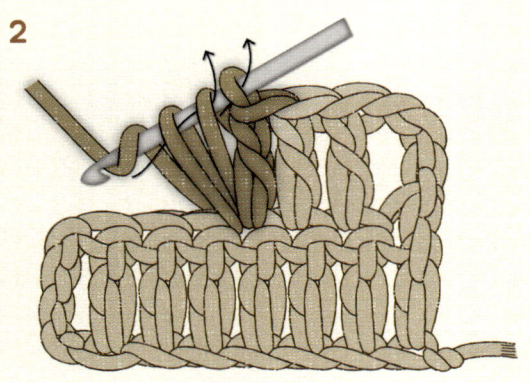

3
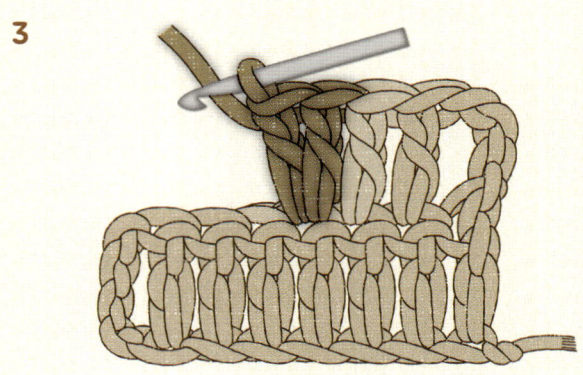

4
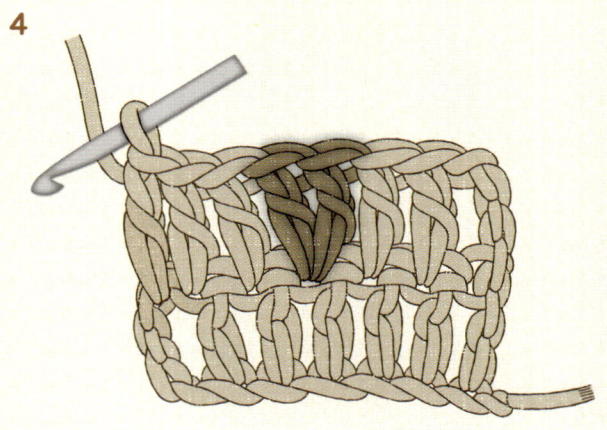

[양 가장자리에서 코 늘리기]

왼쪽(뜨기 끝)　　오른쪽(뜨기 시작)

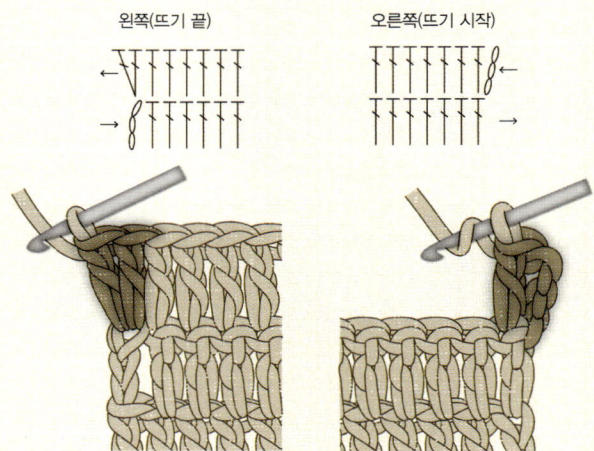

INCREASES & DECREASES

 한길긴뜨기를 1코 줄이기(한길긴뜨기 2코 모아뜨기)

앞단의 2코에 미완성 코를 2코 만들고 한 번에 빼냅니다.

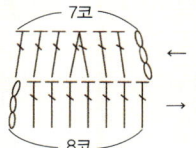

1
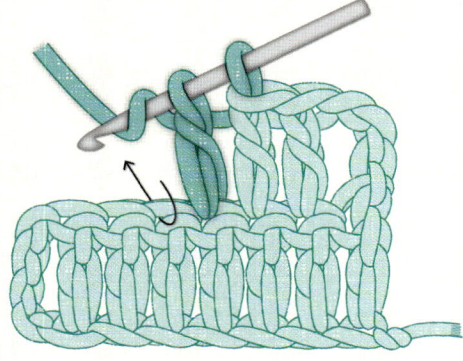

2
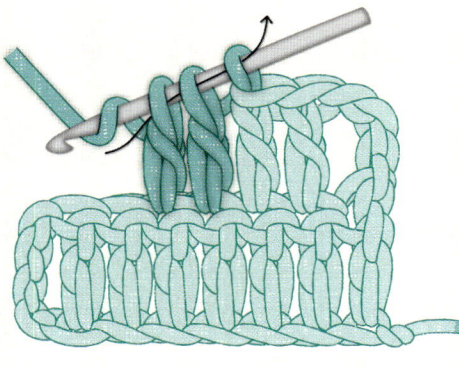

3
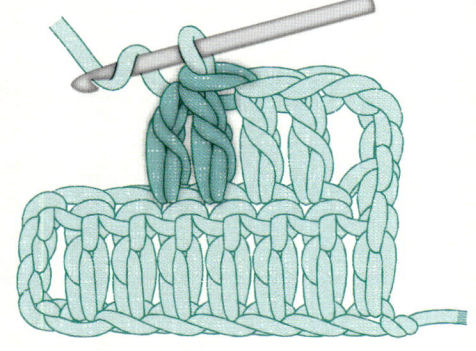

4
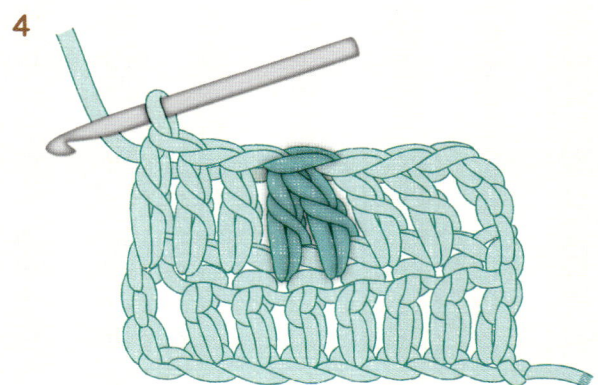

[뜨기 시작하면서 코 줄이기]

한길긴뜨기의 기둥코는 보통 사슬 3코이지만, 뜨개바탕 가장자리에서 줄일 때는 사슬 2코로 합니다. 3코로 하면 가장자리 코가 길어지고 가장자리가 쉽게 늘어나서 깔끔한 사선이 되지 않습니다. 단, 꼭 끼게 뜨는 어깨선, 진동둘레, 목둘레 등 곡선을 뜰 때는 기둥코를 3코나 4코로 뜰 때도 있습니다.

1
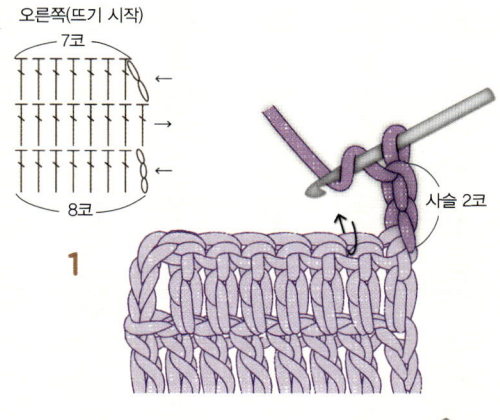

2
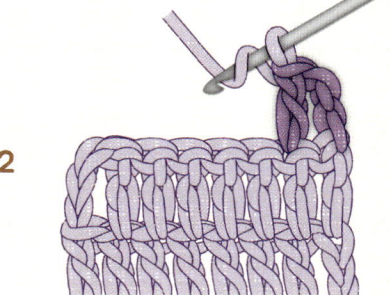

35

Finishing Techniques — 마무리 방법

단과 단 잇기, 코와 코 잇기

뜨개바탕 2장을 잇는 방법에는 단과 단을 잇는 법과 코와 코를 잇는 법이 있습니다.

● 감침질로 잇기

돗바늘을 사용하는 방법입니다. 간단하고 빨리 할 수 있으며 이음매가 얇게 마무리됩니다. 감침질한 실은 비스듬히 걸칩니다. 잇는 실은 완성 치수의 약 3.5배 길이로 준비합니다.

감침질로 단과 단 잇기(한길긴뜨기일 때)

1

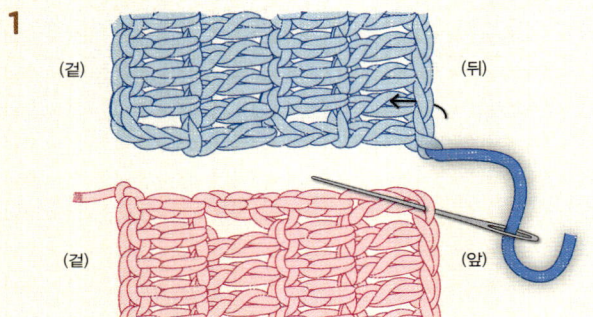

뜨개바탕 2장을 겉이 위로 오게 놓고 맞붙인 뒤에 앞쪽의 시작코에 바늘을 넣어서 빼낸다.

2

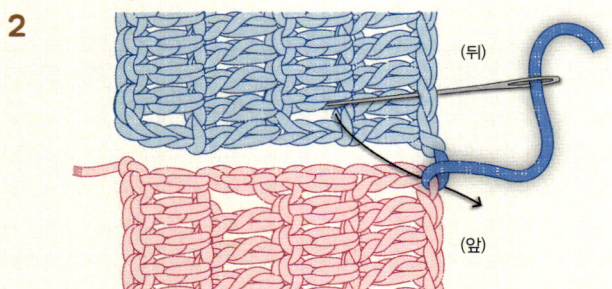

뒤쪽의 2번째 코에 바늘을 넣어서 빼낸다.

3

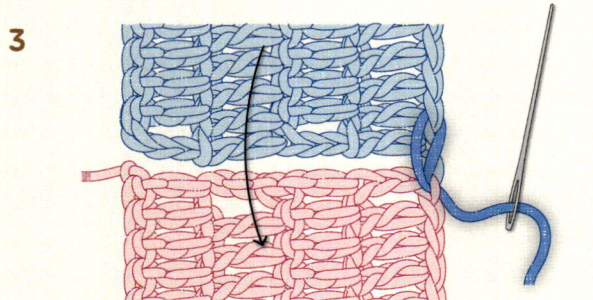

뒤쪽 뜨개바탕을 앞쪽으로 넘겨서 2장을 겉끼리 맞댄다.

4

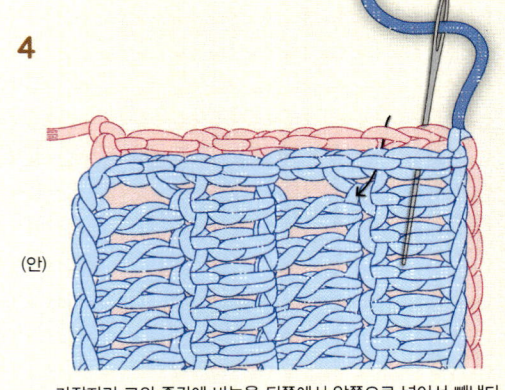

가장자리 코의 중간에 바늘을 뒤쪽에서 앞쪽으로 넣어서 빼낸다.

5

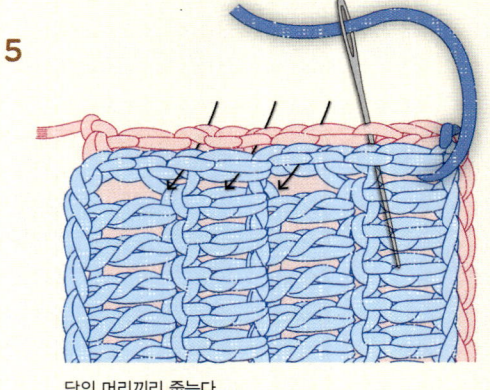

단의 머리끼리 줍는다.

6

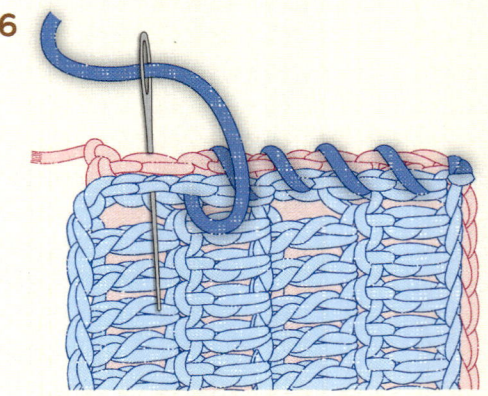

한길긴뜨기 1단에 두 번씩 감쳐서 잇는다.

감침질로 코와 코 잇기(한길긴뜨기일 때)

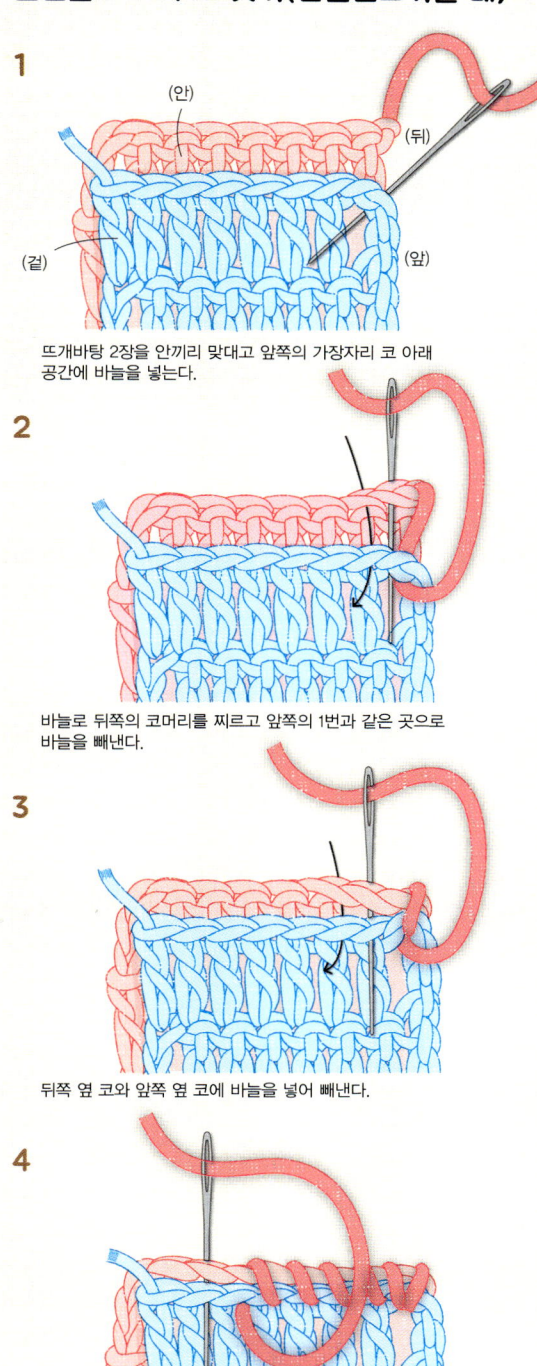

1 뜨개바탕 2장을 안끼리 맞대고 앞쪽의 가장자리 코 아래 공간에 바늘을 넣는다.

2 바늘로 뒤쪽의 코머리를 찌르고 앞쪽의 1번과 같은 곳으로 바늘을 빼낸다.

3 뒤쪽 옆 코와 앞쪽 옆 코에 바늘을 넣어 빼낸다.

4 한길긴뜨기 1코에 1번씩 감춰서 잇는다.

사슬뜨기로 잇기

코바늘을 사용하는 방법입니다. 이음매는 신축성이 있어서 1코의 길이가 긴 뜨개 코나 비침무늬 뜨개바탕에 알맞습니다. 사슬코 콧수는 뜨개바탕에 따라 조절합니다. 잇는 실은 완성 치수의 약 6.5배 길이로 준비합니다.

사슬뜨기와 짧은뜨기로 단과 단 잇기 (한길긴뜨기일 때)

뜨개바탕 2장을 겉끼리 맞대어 가장자리 코에 바늘을 넣어서 빼내고, 사슬 2코를 뜨고 단의 머리 코에 바늘을 넣어서 짧은뜨기를 합니다.

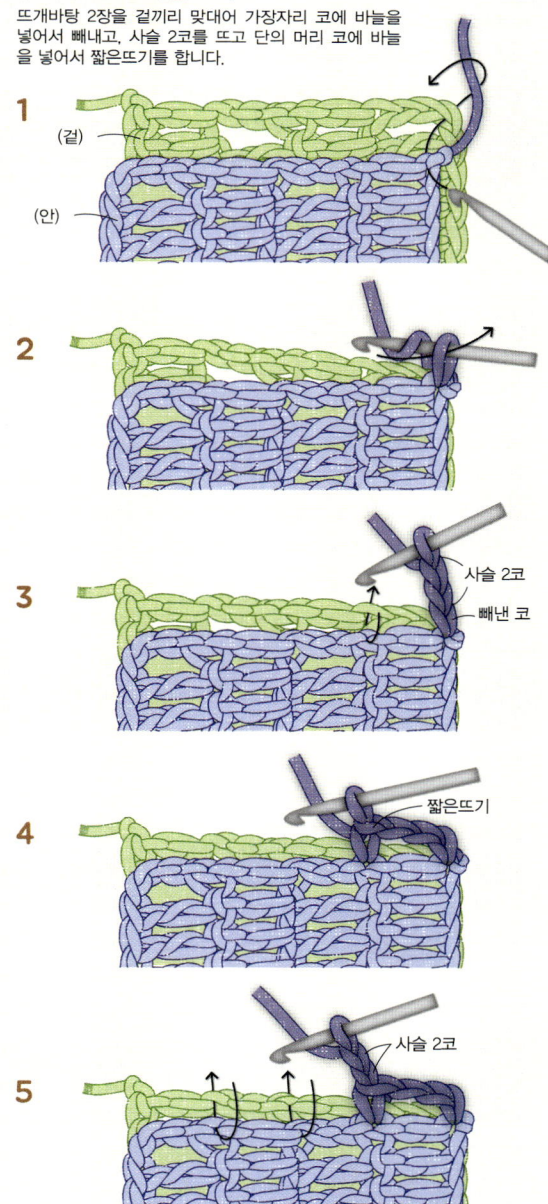

Edging —— 가장자리뜨기

피코뜨기

사슬뜨기로 작은 원형 구슬이나 고리를 만드는 뜨개법으로 귀엽고 섬세한 가장자리 장식을 즐길 수 있습니다. 짧은뜨기나 한길긴뜨기 머리에 뜨거나 무늬뜨기의 일부에 조합하여 사용합니다.

● 사슬 3코 피코빼뜨기(짧은뜨기 코에 빼뜰 때)

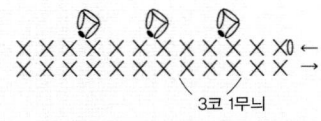

1
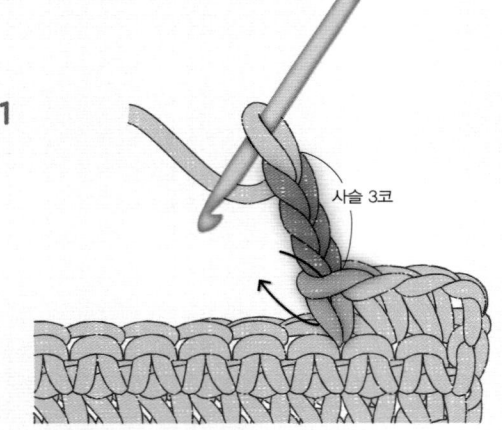
사슬 3코를 뜨고, 짧은뜨기 머리의 사슬 반코와 다리 1가닥에 바늘을 넣는다.

2
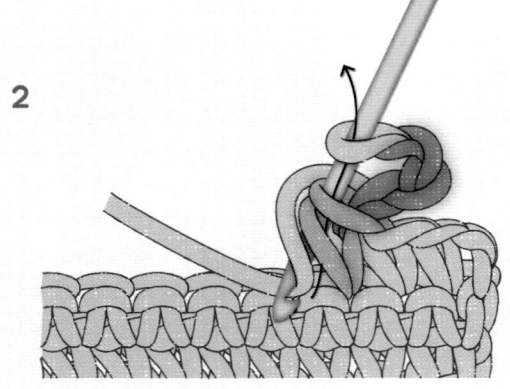
바늘에 실을 걸고 빼낸다.

3
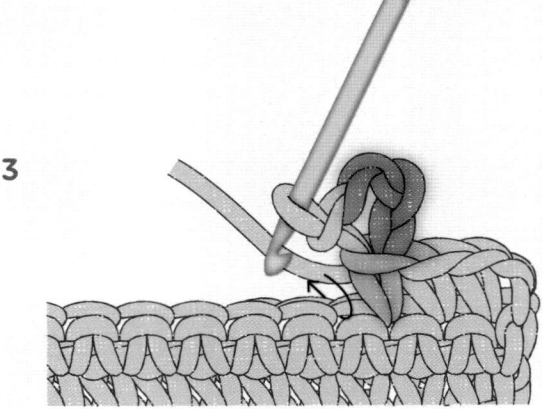
사슬 3코 피코빼뜨기 완성. 옆 코에 바늘을 넣는다.

4
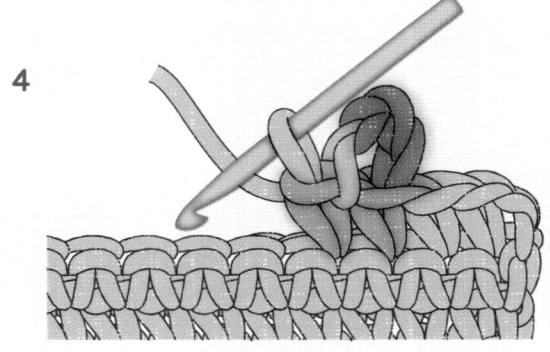
짧은뜨기를 한다.

5
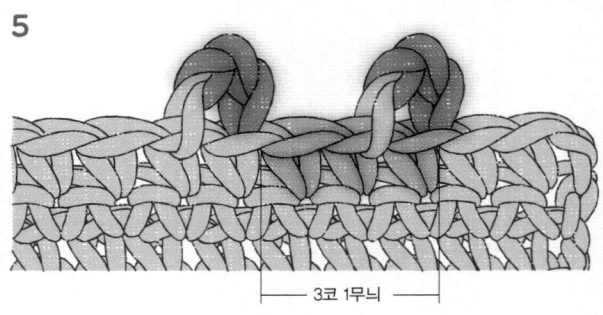

사슬 3코 피코빼뜨기(그물뜨기의 사슬코에 빼뜰 때)

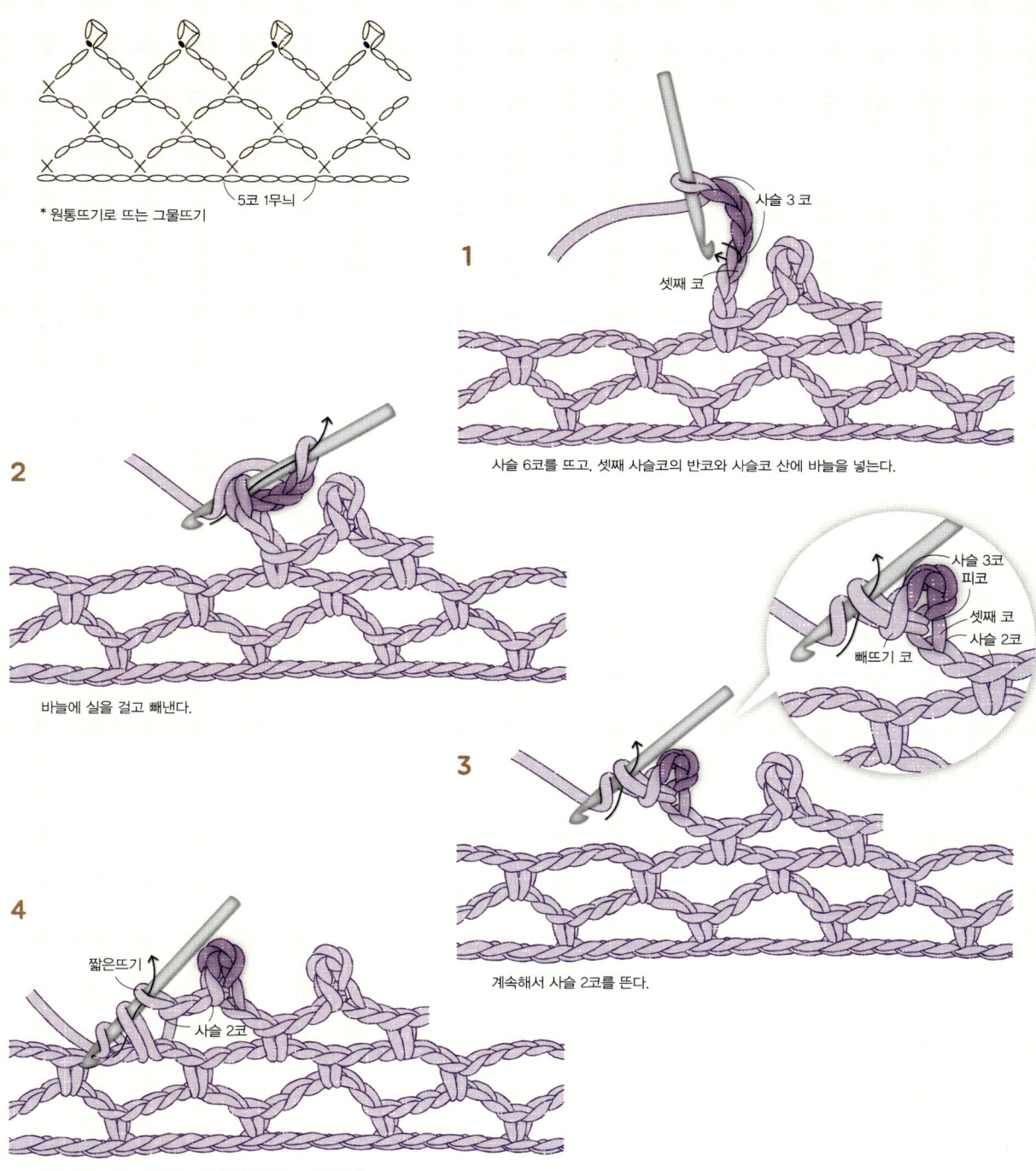

Edging — 가장자리뜨기

 ## 되돌아 짧은뜨기

기본 짧은뜨기는 오른쪽에서 왼쪽으로 뜨지만, 되돌아 짧은뜨기는 뜨개바탕을 돌리지 않은 상태에서 왼쪽에서 오른쪽으로 뜹니다.

1

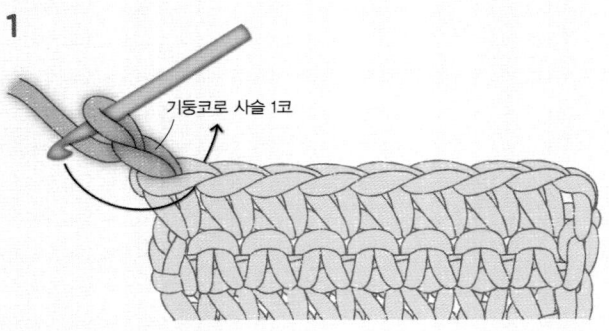

기둥코로 사슬 1코를 뜨고 바늘을 화살표처럼 돌려서 앞단 코의 머리에 넣는다.

2

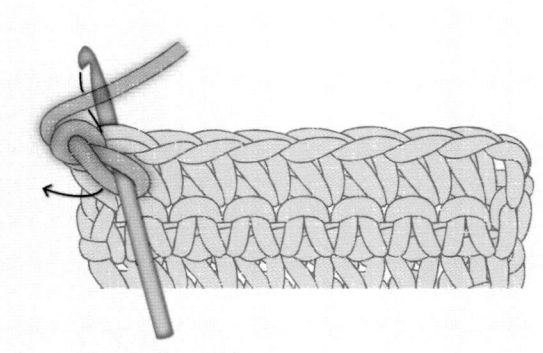

뒤쪽에서 실을 걸고 끌어낸다.

3

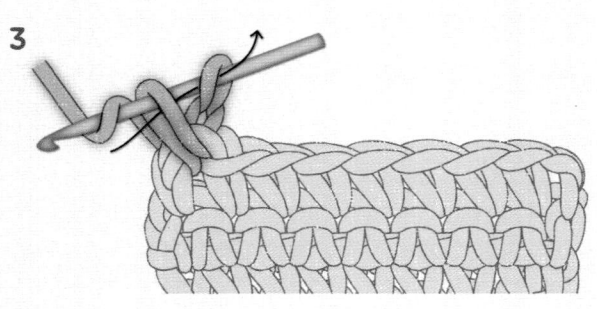

한 번 더 바늘에 실을 걸고 짧은뜨기를 한다.

4

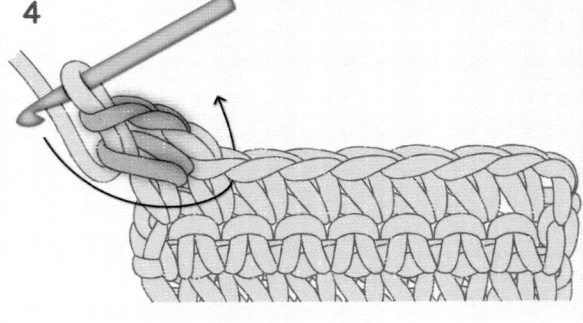

다음 코에 화살표처럼 바늘을 넣는다.

5

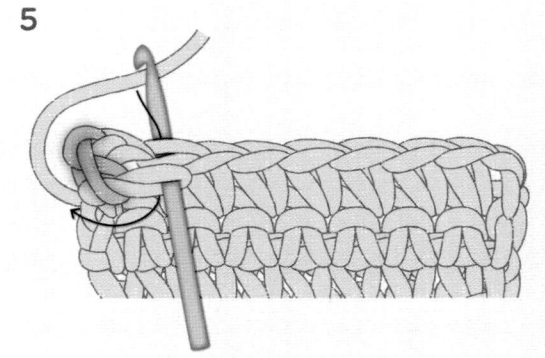

바늘에 실을 걸고 앞쪽으로 실을 끌어내어 짧은뜨기를 한다.

6

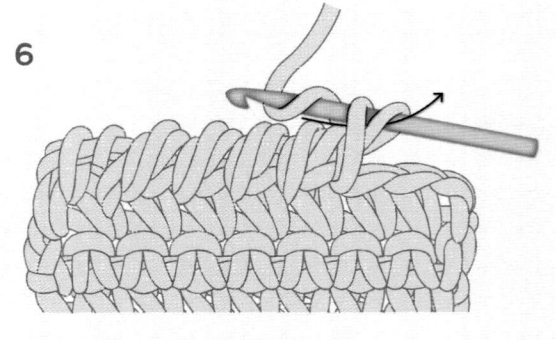

Edging —— 가장자리뜨기

 바늘 돌려서 짧은뜨기

기본 짧은뜨기와 마찬가지로 오른쪽에서 왼쪽으로 뜹니다. 바늘에 걸린 고리를 꼬아 줘서 부피감 있는 뜨개코가 생깁니다.

1
기둥코로 사슬 1코

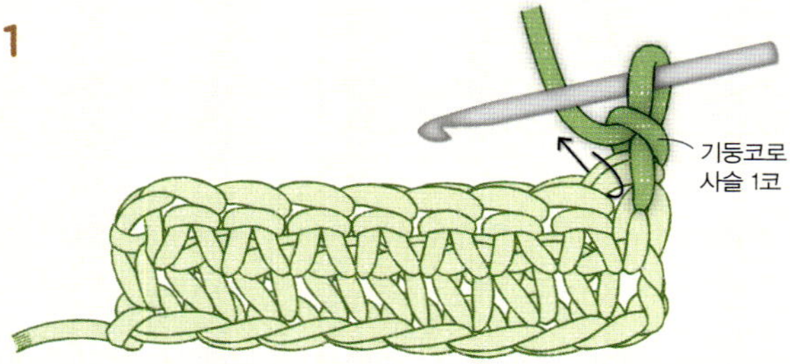

기둥코로 사슬 1코를 뜨고 뜨개바탕을 돌린다. 앞단의 짧은뜨기 첫째 코에 바늘을 넣는다.

2 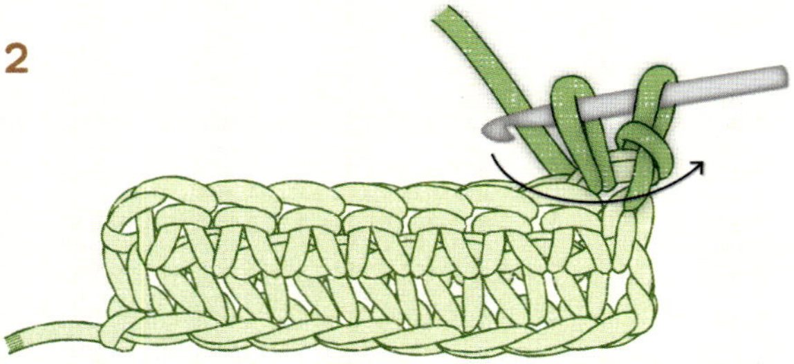
실을 조금 길게 끌어내고 바늘을 앞쪽에서 1번 돌려서 바늘에 걸려 있는 고리를 꼬아 준다.

3 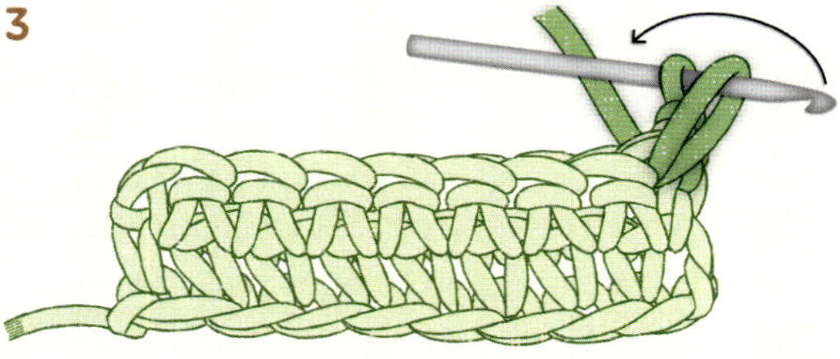
반회전시킨 모습.

4 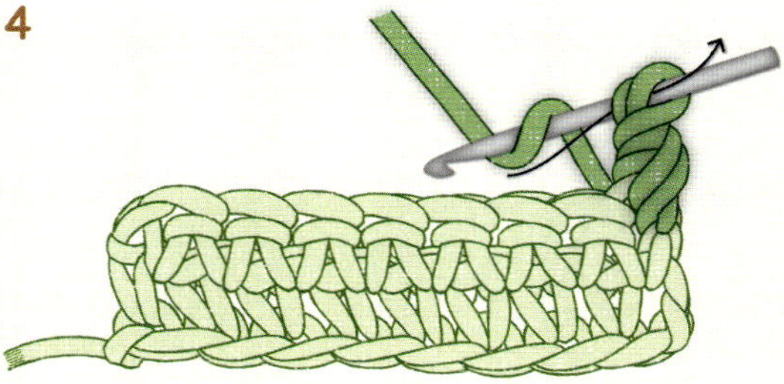
1번 회전시킨 뒤에 꼬인 상태 그대로 짧은뜨기를 한다.

5

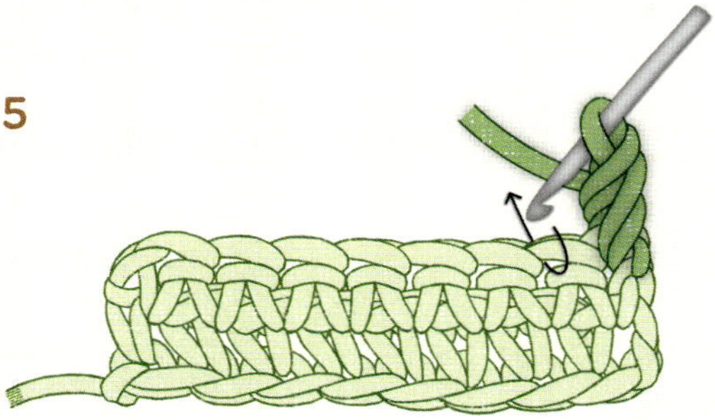

6

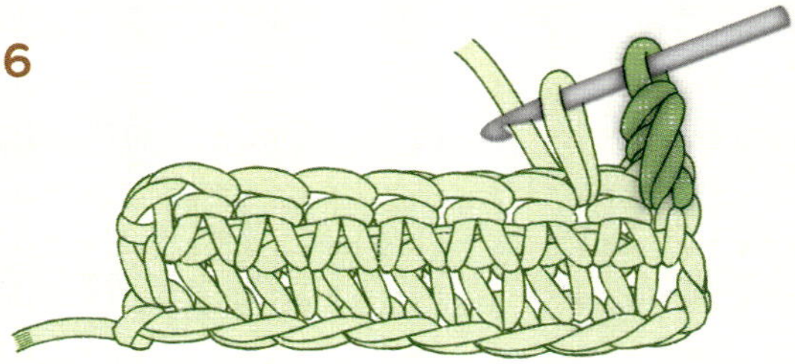

7

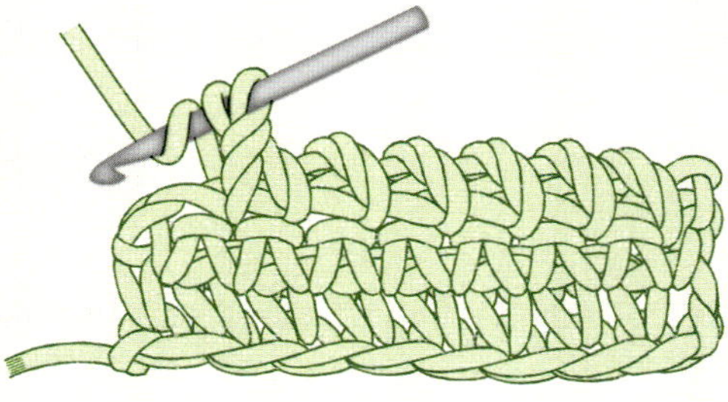

CROCHETING BASICS

Making Motifs
모티브 뜨기

중심에서부터 바깥을 향해 빙글빙글 돌면서 코를 늘리며 뜨는 모티브.
원형 모티브를 뜰 때 시작하는 방법 4종류를 소개합니다.
여기에서 실패하면 모양새가 볼품없어지므로 신중하고 깔끔하게 시작하세요.
다각형 모티브를 뜰 때도 같은 방법으로 시작하고 모서리가 되는 부분에서 코를 늘려 줍니다.
모티브를 잇는 법은 6종류를 소개합니다. 디자인에 맞춰서 잇는 법을 선택하세요.

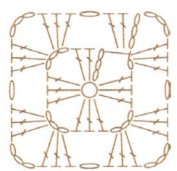

P.50 모티브 도안

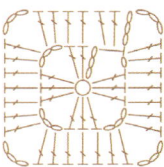

P.52 모티브 도안

Making Motifs —— 모티브 뜨기

원형으로 모티브 뜨는 법

중심에서부터 코를 늘리며 둥글게 뜨는 방법으로 모티브나 모자 등을 뜰 때 사용합니다. 첫째 단을 뜰 때 다양한 방법이 있으니 뜨려는 것에 맞춰서 고릅니다. 일반적으로 기둥코를 만들고 1단마다 빼뜨며 뜨지만, 짧은뜨기일 때는 기둥코를 뜨지 않고 소용돌이 모양으로 빙글빙글 돌아가며 뜨기도 합니다.

사슬 1코에 뜨는 방법

뜨기 시작 사슬코를 느슨하게 만들고 그 안에 뜨개코를 뜹니다. 잘 끊어지는 부드러운 실이나 걸리는 마디가 있는 실 등에 사용합니다.

짧은뜨기일 때

1

실을 걸고 빼낸다

바늘에 실을 감아서 느슨하게 끌어낸다.

2

느슨한 사슬 1코

이 1코가 중심의 원형코가 된다

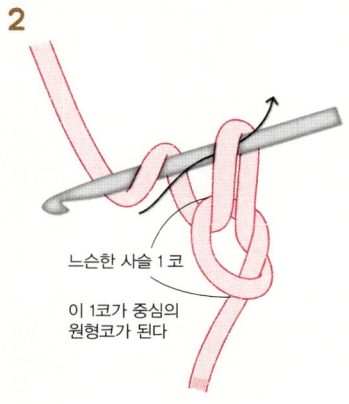

3

기둥코로 사슬 1코가 생겼다

느슨한 사슬코에 바늘을 넣어서 짧은뜨기를 한다.

4

5

짧은뜨기 1코가 생긴 모습. 계속하여 필요한 콧수만큼 뜬다.

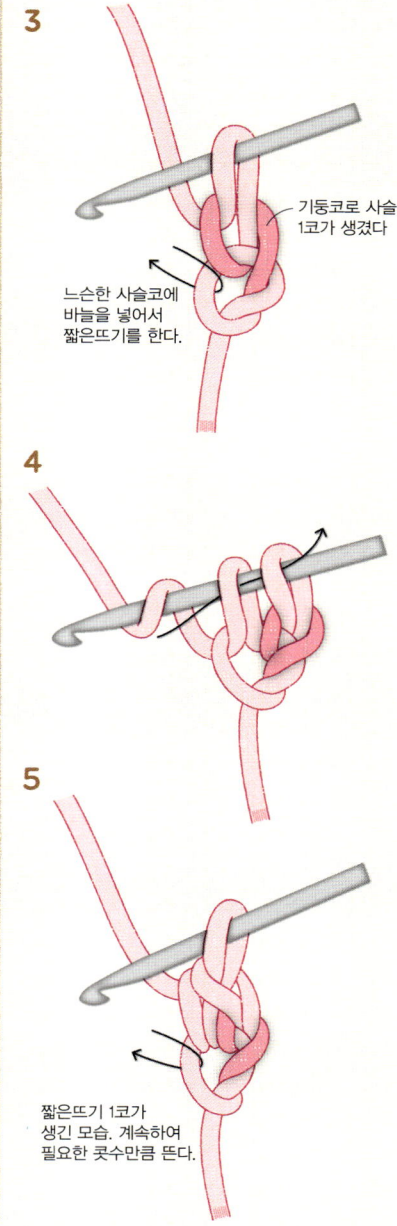

6

첫째 코

마지막에는 짧은뜨기 첫째 코의 머리에 바늘을 넣는다.

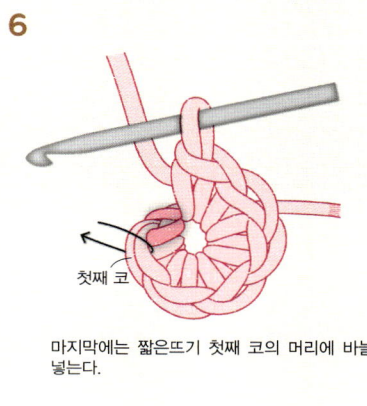

7

실을 걸어서 빼낸다.

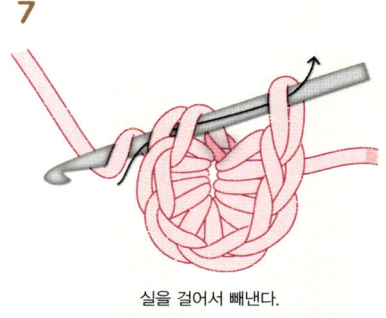

8

빼내면 첫째 단 완성. 둘째 단부터는 P.45를 참조.

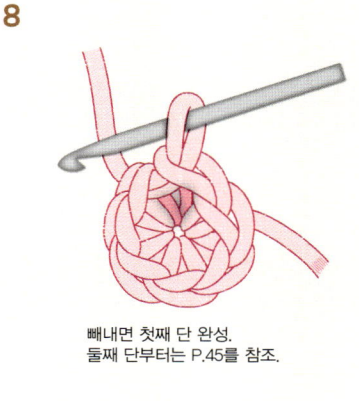

43

Making Motifs — 모티브 뜨기

🔸 실로 만든 원형코에 뜨는 방법

손가락에 실을 두 번 감아 만든 원형코에 뜨개코를 뜹니다.

이중 원형코 만드는 법

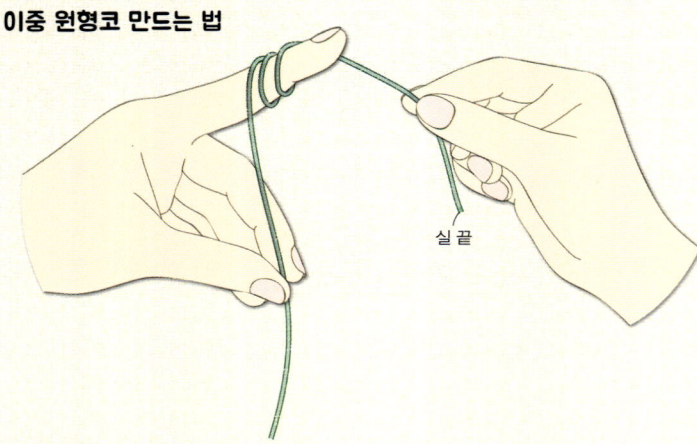
실 끝

짧은뜨기일 때

1 첫째 단

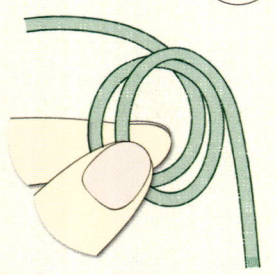

이중 원형코를 손가락에서 벗기고 원형코 모양이 망가지지 않도록 잡는다.

2

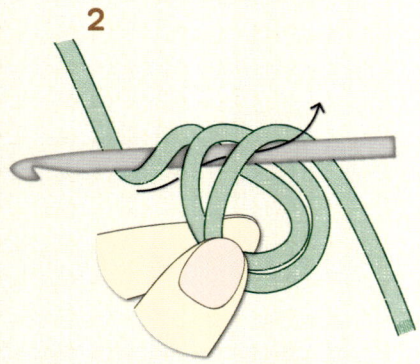

원형코 앞쪽에서 바늘을 넣고 실을 걸어서 화살표 방향으로 실을 끌어낸다.

3

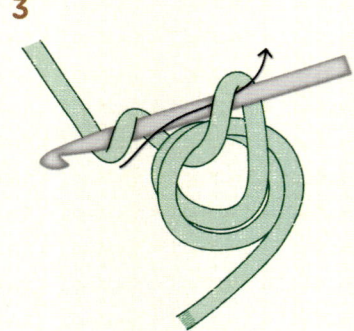

실을 끌어낸 뒤에 기둥코가 될 사슬코를 뜬다.

4

사슬 1코를 뜬 모습. 계속하여 실로 만든 원형코 안에 바늘을 넣어서 짧은뜨기를 한다.

5

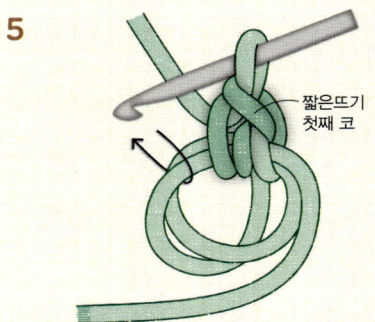

짧은뜨기 첫째 코

짧은뜨기를 1코 뜬 모습.

6

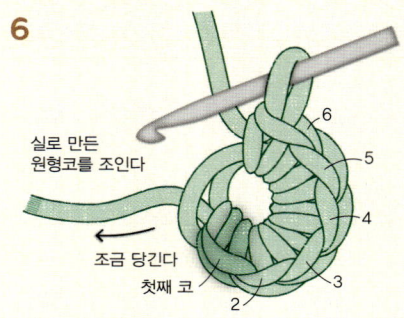

실로 만든 원형코를 조인다

조금 당긴다

첫째 코

짧은뜨기를 필요한 콧수만큼 한 뒤에 실로 만든 원형코의 구멍을 막는다. 먼저 실 끝을 조금 당긴다.

7

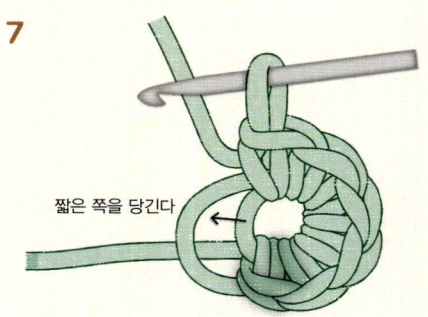

짧은 쪽을 당긴다

이중으로 된 실 중에서 움직이는 실을 화살표 방향으로 당긴다.

8

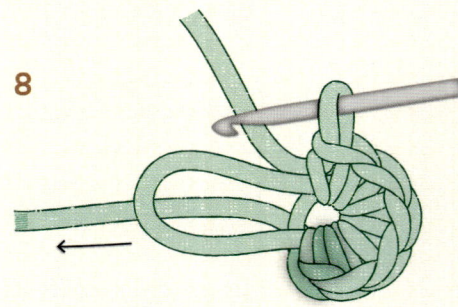

7의 실을 당겨서 구멍을 막은 뒤에 한 번 더 실 끝을 당긴다.

WORKING IN ROUNDS

9
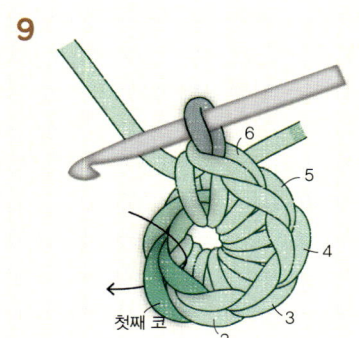
처음 뜬 짧은뜨기 코에 바늘을 넣는다.

10
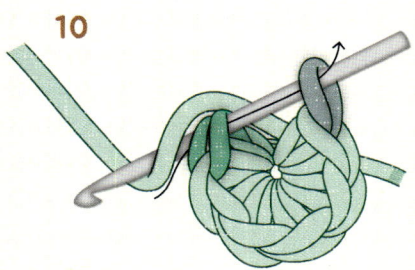
바늘에 실을 걸어서 한 번에 빼낸다.

11
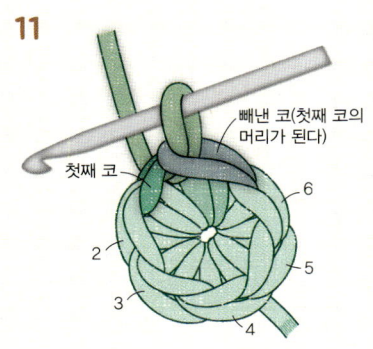
첫째 단을 떴다.

둘째 단-기둥코를 뜰 때

12
기둥코로 사슬 1코
둘째 단
첫째 단 첫째 코

기둥코로 사슬 1코를 뜬다.

13
둘째 코
둘째 단 첫째 코
기둥코
첫째 단의 둘째 코
빼낸 코

1단의 1코에 짧은뜨기를 2코씩 뜬다.

둘째 단-기둥코를 뜨지 않을 때

셋째 단

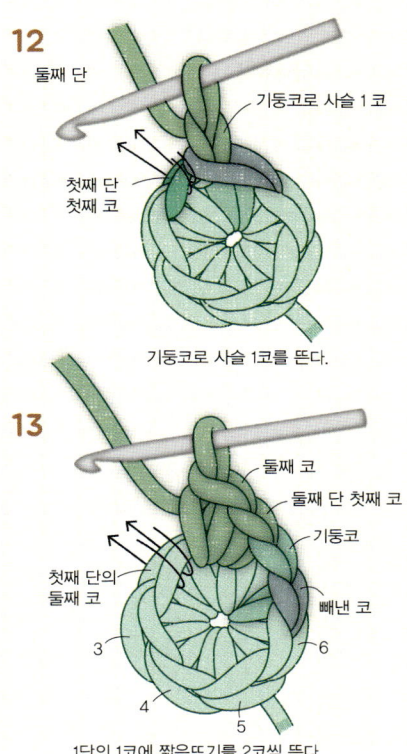

1
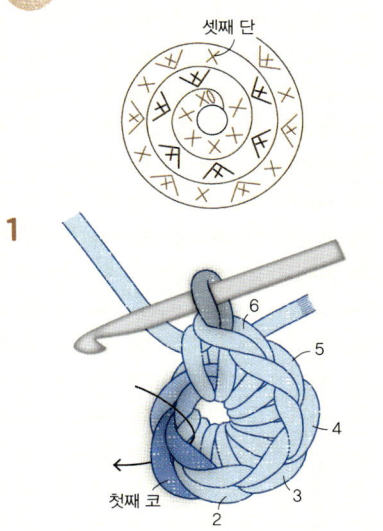
첫째 코

실로 만든 원형코에 짧은뜨기를 6코 뜬 뒤에 빼뜨기는 하지 않고 곧바로 첫째 단의 첫째 짧은뜨기에 바늘을 넣어서 둘째 단의 짧은뜨기 1코를 뜬다.

2
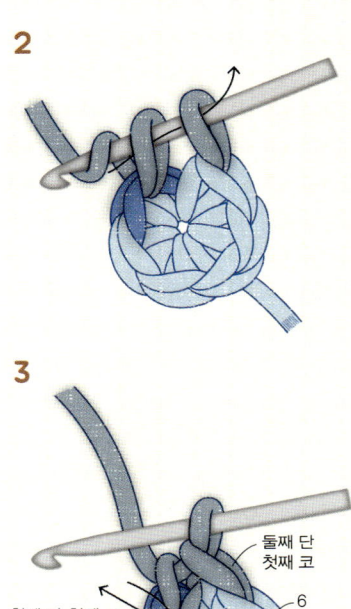
기둥코로 사슬 1코를 뜬다.

3
둘째 단 첫째 코

짧은뜨기를 1코 뜬 모습. 같은 코에 짧은뜨기를 1코 더 뜬다.

4
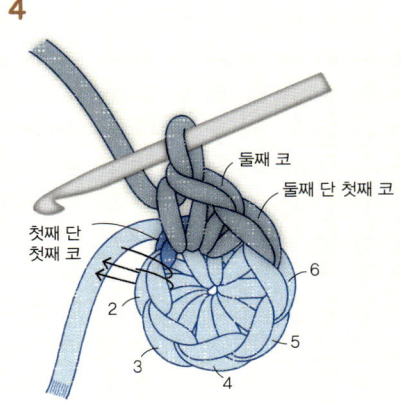
둘째 코
둘째 단 첫째 코
첫째 단 첫째 코

짧은뜨기를 2코 뜬 모습.

이 방법은 단의 뜨기 시작 위치를 알아보기 어려우므로 시작 부분의 짧은뜨기 첫째 코에 실표나 단수 링(P.59 참조)으로 표시해 두면 작업하기가 쉽다.

45

Making Motifs — 모티브 뜨기

● 실로 만든 원형코에 뜨는 방법

한길긴뜨기일 때

실로 원형코 만드는 법은 P.44를 참조한다.

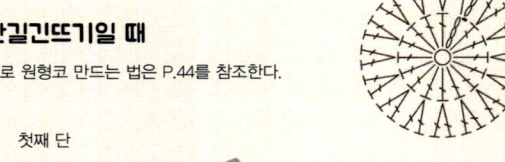

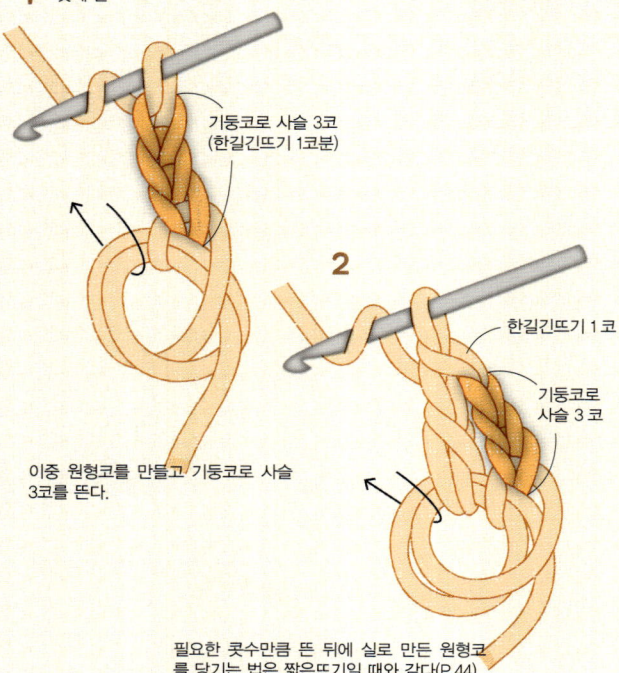

1 첫째 단

기둥코로 사슬 3코 (한길긴뜨기 1코분)

이중 원형코를 만들고 기둥코로 사슬 3코를 뜬다.

2 한길긴뜨기 1코

기둥코로 사슬 3코

필요한 콧수만큼 뜬 뒤에 실로 만든 원형코를 당기는 법은 짧은뜨기일 때와 같다(P.44).

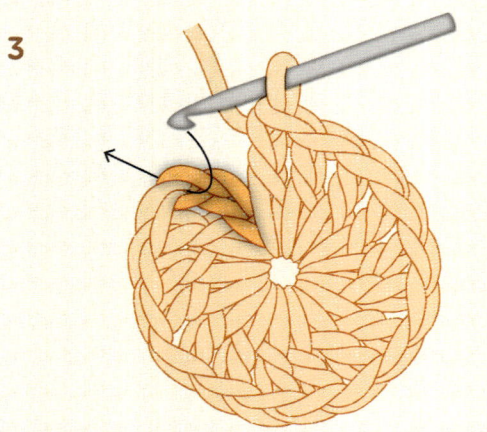

3 단의 끝은 기둥코의 셋째 코에서 반코와 사슬코 산에 바늘을 넣는다.

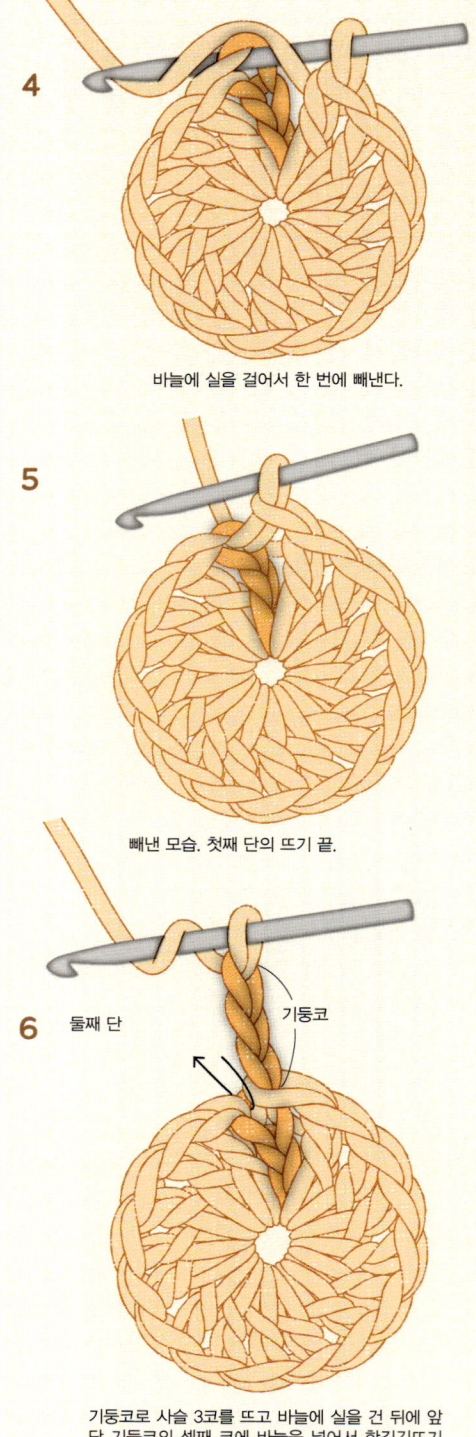

4 바늘에 실을 걸어서 한 번에 빼낸다.

5 빼낸 모습. 첫째 단의 뜨기 끝.

6 둘째 단 기둥코

기둥코로 사슬 3코를 뜨고 바늘에 실을 건 뒤에 앞 단 기둥코의 셋째 코에 바늘을 넣어서 한길긴뜨기를 뜬다.

WORKING IN ROUNDS

[뜨기를 끝낼 때의 실 처리]

'평평하게 잇기', '체인 잇기'라고도 하며 마지막 코가 평평하게 마무리 됩니다. 뜨기 끝이 빼뜨기 기호로 되어 있을 때는 이 방법으로 처리하면 마지막 단의 코가 예쁘게 이어집니다.

7

앞단의 1코에 한길긴뜨기를 2코 떴다. 둘째 단은 앞단의 모든 코에 한길긴뜨기를 2코씩 뜬다.

1

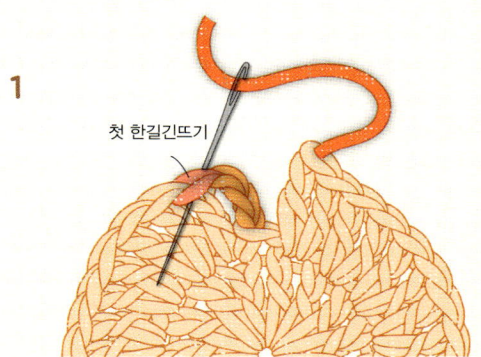

첫 한길긴뜨기

실 끝을 돗바늘에 꿰어서 첫 한길긴뜨기의 머리에 바늘을 뒤쪽에서 넣는다.

2

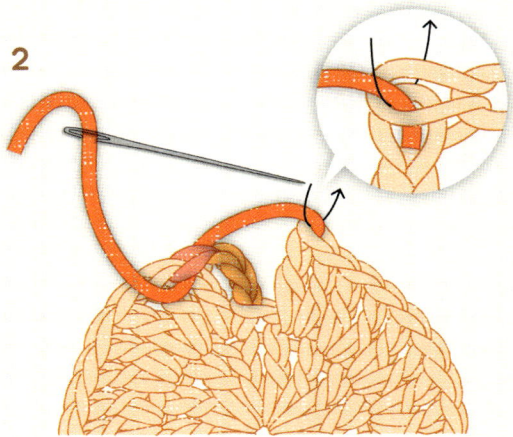

실을 당기고, 마지막 코로 돌아가서 바늘을 넣는다.

8

10cm 남긴다

계속해서 셋째 단을 뜰 때에는 3~5와 같은 방법으로 빼뜨기를 한다. 둘째 단에서 다 떴을 때는 마지막 코를 길게 빼내서 실 끝을 10cm 남기고 자른다.

3

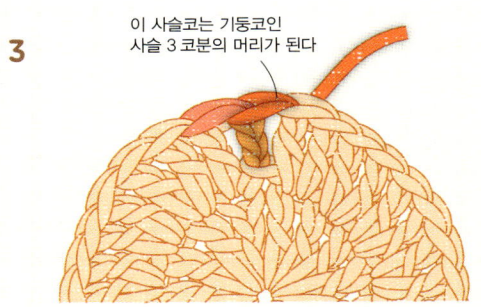

이 사슬코는 기둥코인 사슬 3코분의 머리가 된다

사슬 1코 크기로 실을 당기고, 실 끝은 뒤쪽에서 뜨개코에 통과시킨다.

47

Making Motifs — 모티브 뜨기

사슬코로 만든 원형코에 뜨는 방법

실로 만든 원형코를 조이기 힘든 장식적인 뜨개실(고리나 마디가 있는 실)이나 중심의 뜨개코를 단단하게 마무리하고 싶을 때 이 방법을 사용합니다. 사슬코 수는 짧은뜨기일 때는 첫째 단 콧수의 약 반수, 한길긴뜨기일 때는 약 1/3을 만들며, 중심에 커다란 구멍을 만드는 디자인일 때도 있습니다.

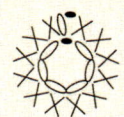

사슬 6코로 만든 원형코에 짧은뜨기를 12코 뜬다

1 첫째 단

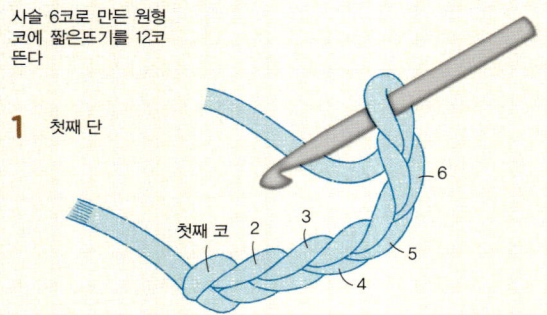

이 경우에는 처음 매듭도 1코로 센다.

2

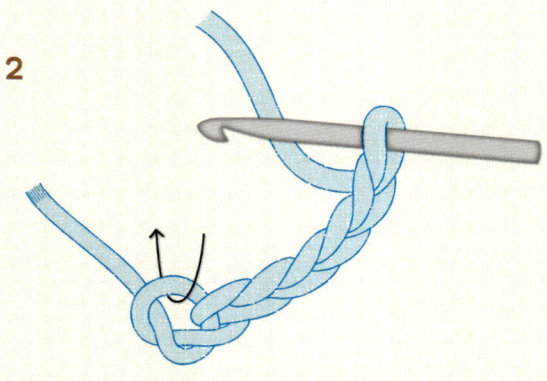

첫째 코를 느슨하게 하여 앞쪽에서 바늘을 넣는다.

3

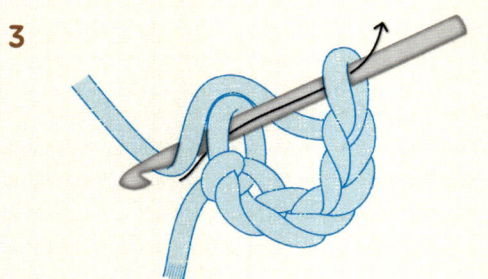

바늘에 실을 걸고 한 번에 빼낸다.

4

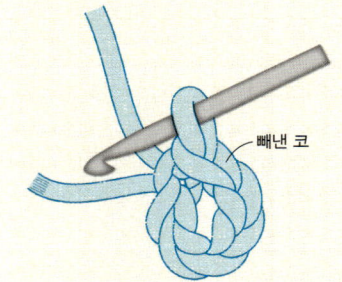

사슬코로 만든 원형코 완성.

5

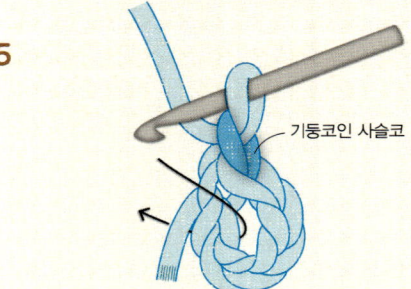

첫째 단은 기둥코로 사슬 1코를 뜨고, 원형코의 사슬코 아래에서 주워서 짧은뜨기를 1코 뜬다.

6

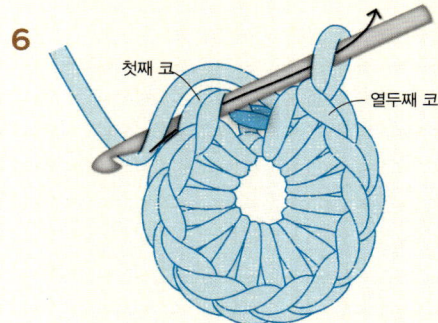

짧은뜨기를 필요한 콧수만큼 뜬 뒤에 첫째 코에 바늘을 넣어서 빼낸다.

7

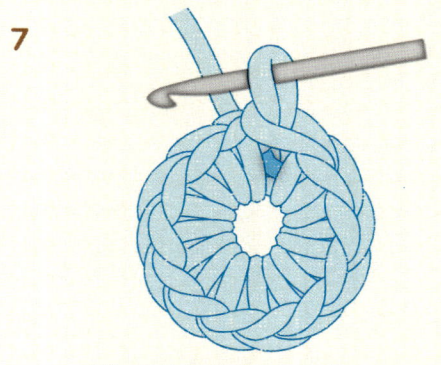

빼낸 모습. 둘째 단부터는 P.45를 참조.

WORKING IN ROUNDS

링에 뜨는 방법

시판 모티브 링이나 플라스틱 링을 사용합니다. 모티브를 여러 장 뜰 때 중심의 구멍이 일정하게 뚫리고 링이 심 노릇을 해서 단단하게 뜰 수 있습니다.

짧은뜨기일 때

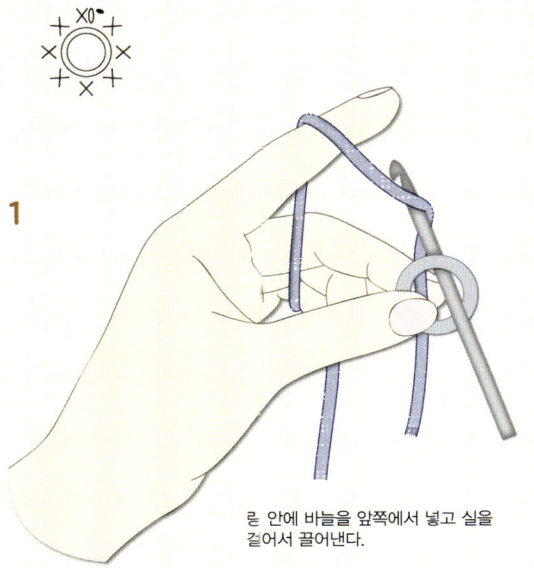

1

링 안에 바늘을 앞쪽에서 넣고 실을 걸어서 끌어낸다.

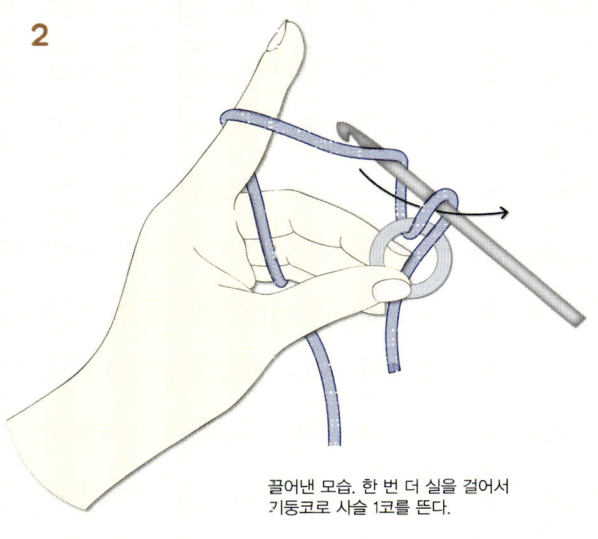

2

끌어낸 모습. 한 번 더 실을 걸어서 기둥코로 사슬 1코를 뜬다.

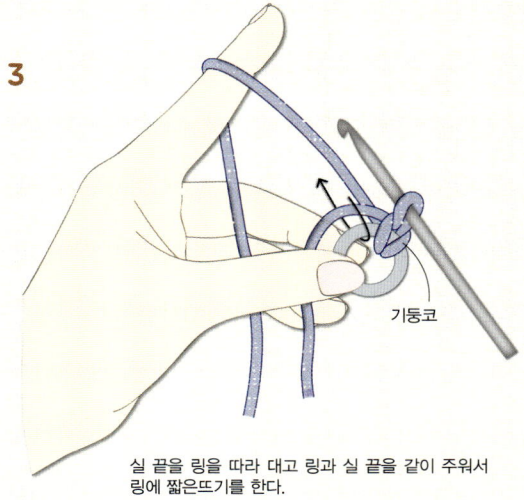

3

기둥코

실 끝을 링을 따라 대고 링과 실 끝을 같이 주워서 링에 짧은뜨기를 한다.

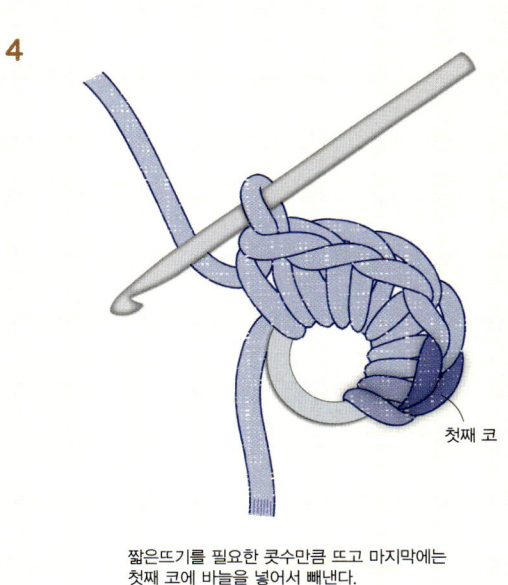

4

첫째 코

짧은뜨기를 필요한 콧수만큼 뜨고 마지막에는 첫째 코에 바늘을 넣어서 빼낸다.

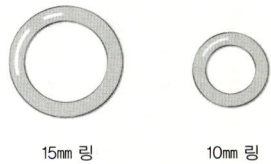

15mm 링   10mm 링

Making Motifs — 모티브 뜨기

모티브 잇는 법

모티브를 잇는 방법은 두 가지입니다. '뜨고 나서 잇는 방법'과 '뜨면서 잇는 방법'인데, 전자는 직선 모티브(정사각형이나 삼각형)에, 후자는 이어지는 접점이 적은 원형 모티브 등에 사용합니다.

● 뜨고 나서 잇는 방법

모티브 위아래를 이어서 띠 모양으로 만든 것을 1줄씩 이어 줍니다. 다 뜬 모티브의 실 끝은 모티브를 잇기 전에 처리해 두면 빠르게 이을 수 있습니다. 이음매도 깔끔하게 마무리됩니다.

감침질로 잇기

돗바늘을 사용하며, 뜨개바탕을 겉이 위로 오게 놓고 맞붙여서 잇습니다. 감치는 실은 너무 길면 감침질하기 불편하고 실도 상하므로 60㎝ 정도로 준비합니다. 감치는 실이 도중에 모자라면 새 실로 계속할 수 있는데, 실이 모자란 그 코에서부터 시작합니다.

[반코 감침질로 잇기]

모티브 마지막 단 뜨개코의 머리 1가닥(반코)을 주워서 감치는 방법으로 이음매가 얇게 만들어집니다.

1

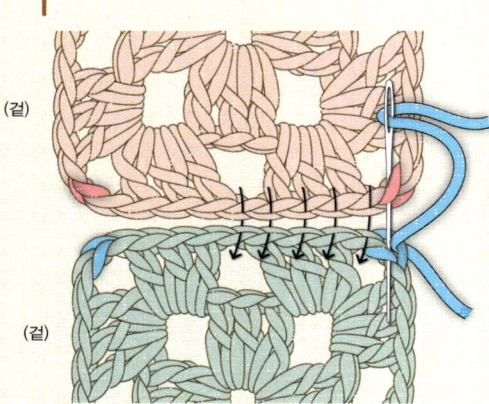

뜨개바탕 2장을 맞붙이고 모서리 반코를 줍는다. 마주 보는 반코씩에 바늘을 넣고 1땀마다 실을 당긴다.

2

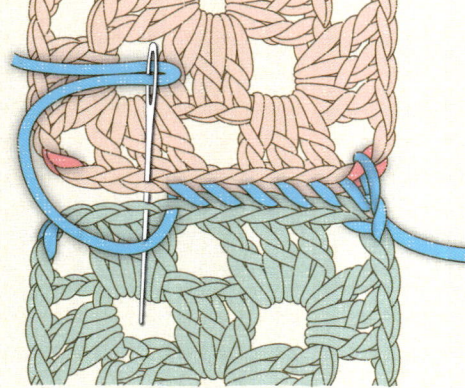

3

다음 모티브로 옮겨 갈 때도 반코를 줍는다.

4

모서리는 구멍이 생기지 않도록 실을 교차시킨다.

5

[코 전체 감침질로 잇기]

마주 보는 1코씩에 바늘을 넣고 1땀마다 실을 당깁니다. 마지막 단 뜨개코의 머리 2가닥을 줍는 것 말고는 '반코 감침질'과 같은 방법으로 잇습니다. 이음매는 '반코 감침질'보다 두껍고 튼튼해 집니다.

1

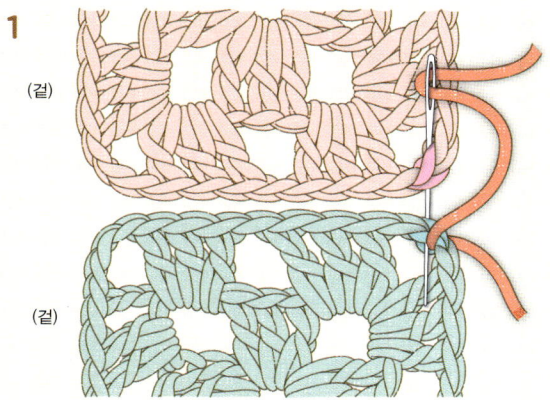

2

3

다음 모티브로 옮겨 갈 때도 모서리 뜨개코를 줍는다.

4

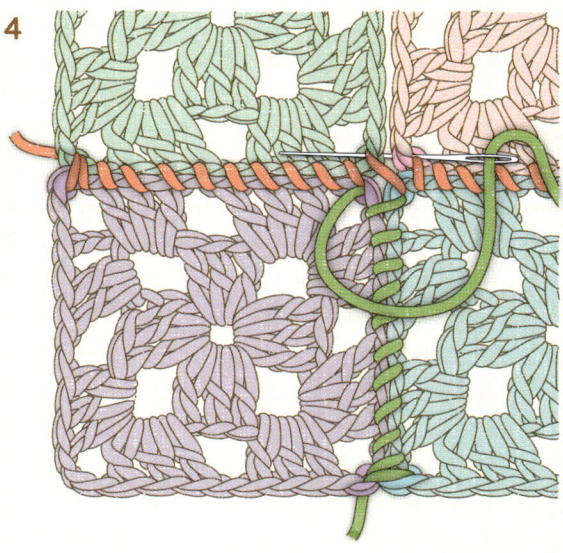

세로줄도 가로줄도 같은 방법으로 감치기 시작하고, 모서리는 구멍이 생기지 않도록 실을 교차시킨다.

5

모티브 4장을 이은 상태.

51

Making Motifs — 모티브 뜨기

빼뜨기로 잇기

코바늘을 사용하며, 뜨개바탕을 겉끼리 맞대고 이어 줍니다.

[반코를 주울 때]

마지막 단 뜨개코의 머리 바깥쪽의 사슬 1가닥(반코)을 주워서 빼냅니다.

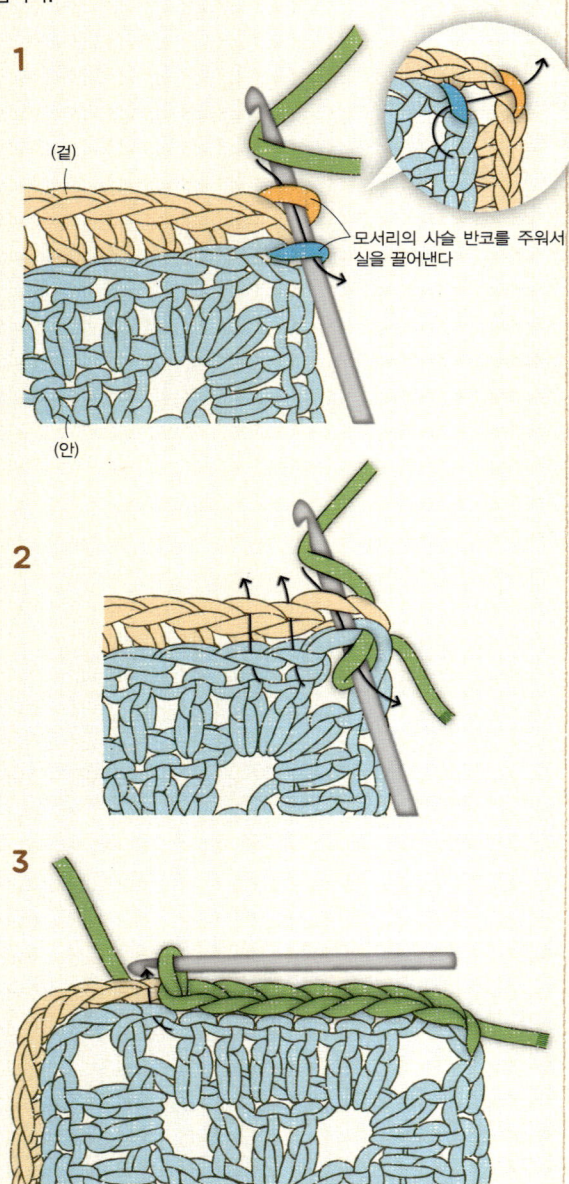

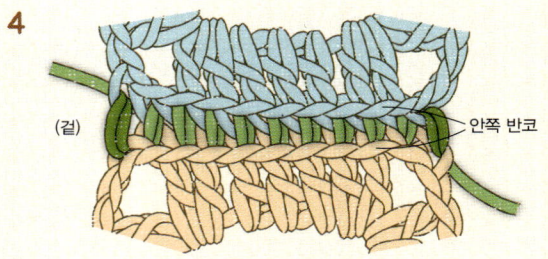

모티브를 겉으로 펼치면 안쪽의 사슬 반코가 깔끔하게 늘어서 있다.

[코 전체를 주울 때]

마지막 단 뜨개코의 머리 사슬 2가닥(코 전체)을 주워서 빼냅니다.

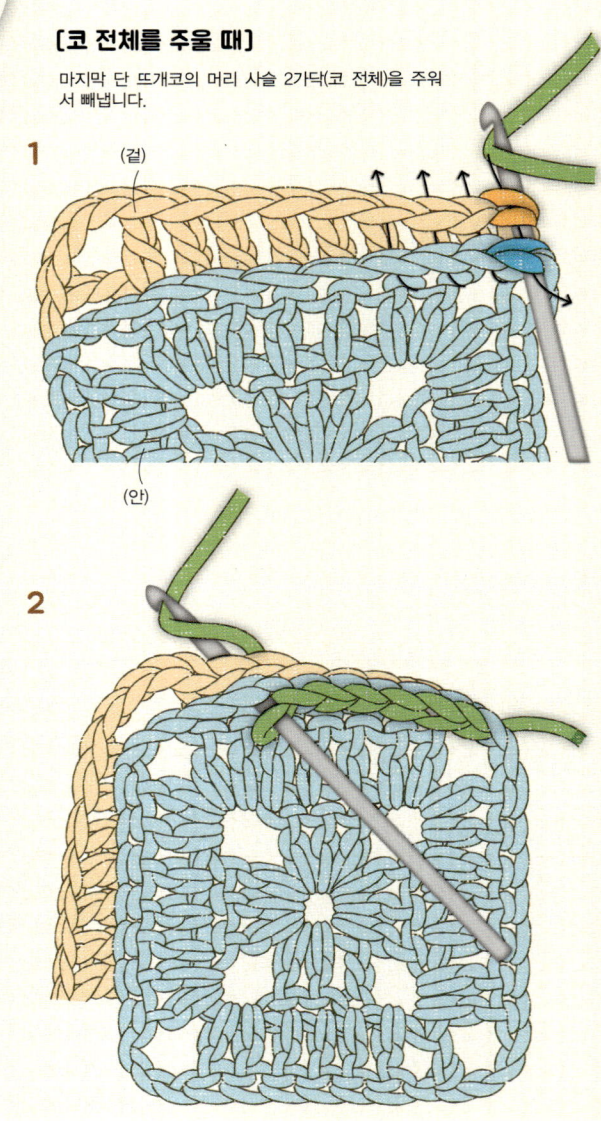

TECHNIQUES OF JOINING MOTIFS

뜨면서 잇는 방법

모티브의 마지막 단에서 뜨면서 잇는 방법으로 모티브를 다 뜨면 잇기가 끝납니다. 여기에서는 마지막 단이 그물뜨기인 원형 모티브를 소개합니다.

빼뜨기로 잇기

사슬 고리의 가운데 사슬코를 빼떠서 잇습니다. 이을 모티브의 사슬 고리 아래에서 줍습니다.

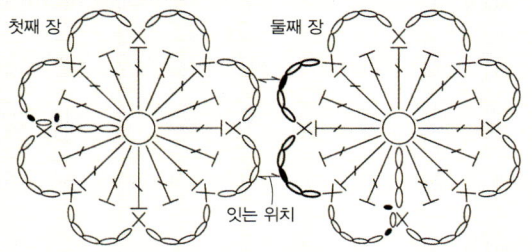

첫째 장 / 둘째 장 / 잇는 위치

1

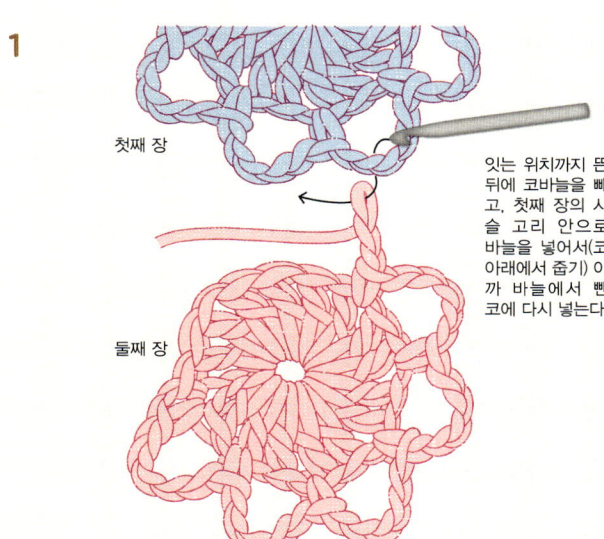

첫째 장
둘째 장

잇는 위치까지 뜬 뒤에 코바늘을 빼고, 첫째 장의 사슬 고리 안으로 바늘을 넣어서(코 아래에서 줍기) 아까 바늘에서 뺀 코에 다시 넣는다.

2

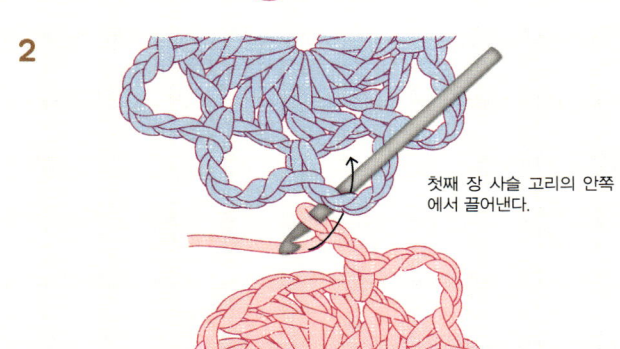

첫째 장 사슬 고리의 안쪽에서 끌어낸다.

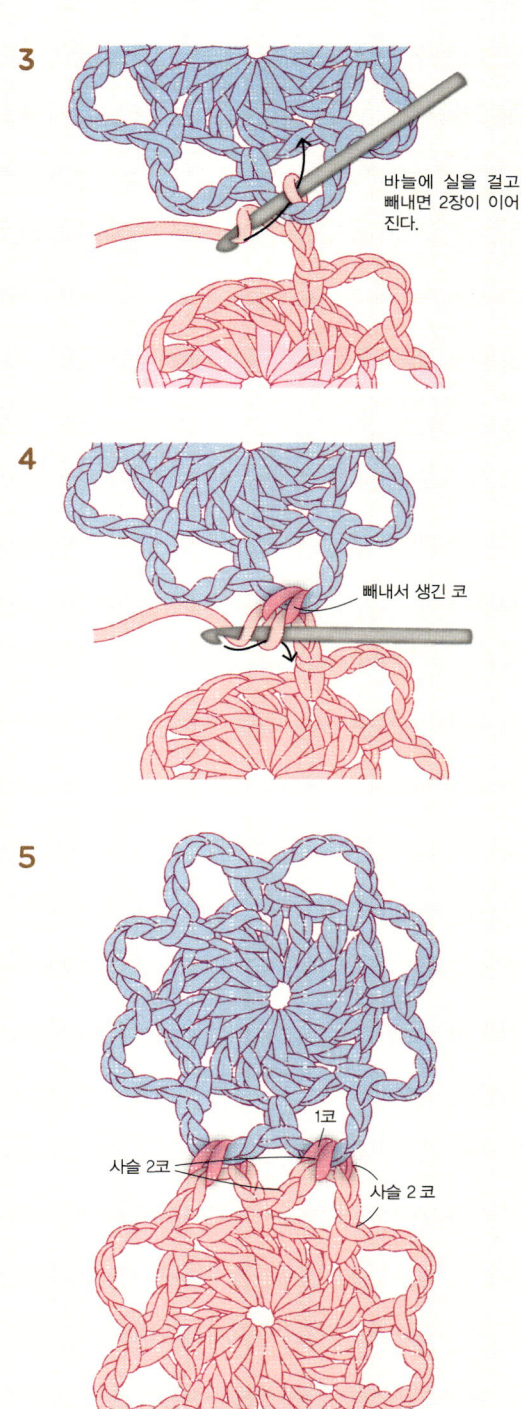

3 바늘에 실을 걸고 빼내면 2장이 이어진다.

4 빼내서 생긴 코

5 1코 / 사슬 2코 / 사슬 2코

53

Making Motifs — 모티브 뜨기

짧은뜨기로 잇기

빼뜨기로 이을 때처럼 이을 모티브의 사슬 고리 아래에서 줍습니다.

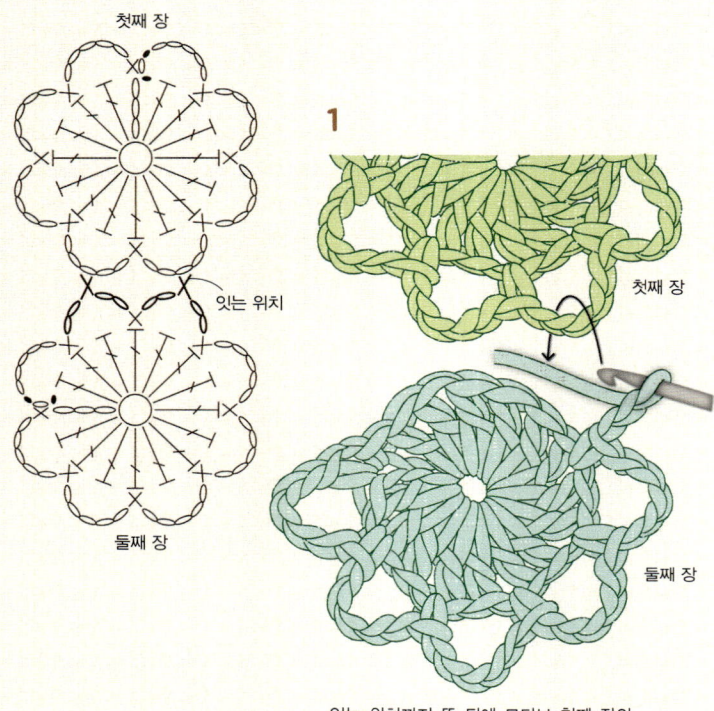

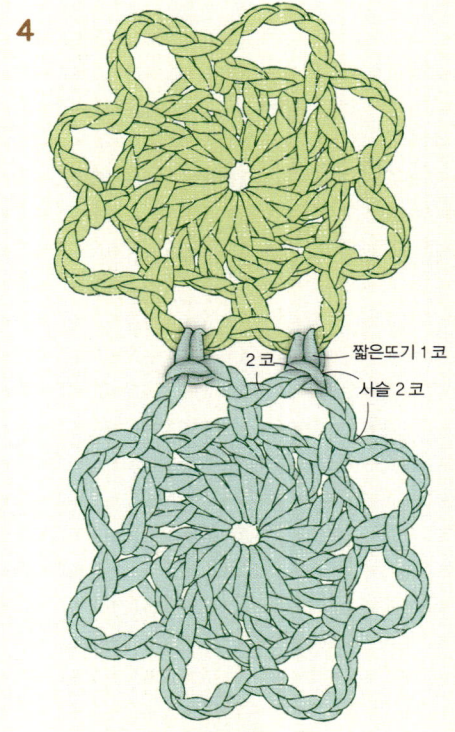

3

짧은뜨기로 이은 모습. 계속해서 사슬 2코를 떠서 고리를 완성한다.

1

잇는 위치까지 뜬 뒤에 모티브 첫째 장의 사슬 고리 안으로 바늘을 넣는다.

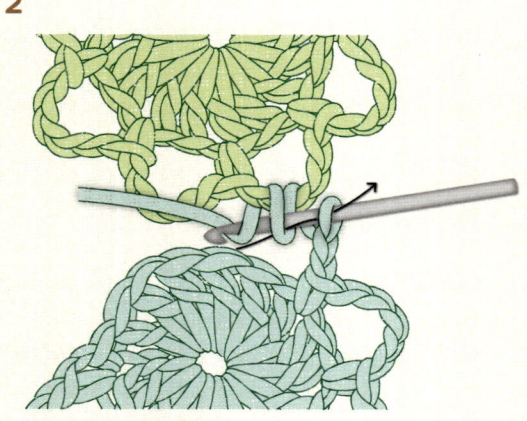

2

짧은뜨기를 조금 빡빡하게 뜬다.

4

모티브 첫째 장과 이어진 둘째 장 완성.

More Joining — 잇는 법 응용

단춧고리 만들기

사슬코를 걸쳐서 고리로 삼은 곳에 빼뜨기나 짧은뜨기를 하여 메우는 방법입니다. 두 방법 모두 단추 크기에 맞춰서 사슬 콧수를 정합니다.

● 사슬뜨기와 빼뜨기로 만드는 단춧고리

1
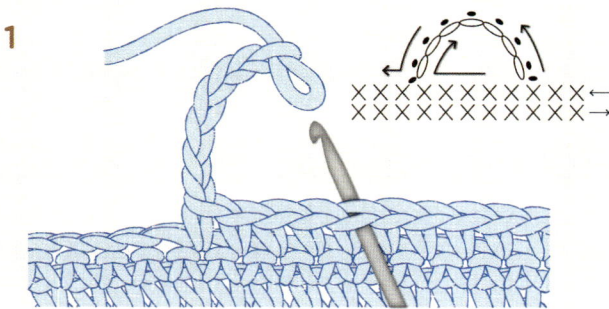
고리 위치까지 오면 사슬코를 뜨고, 일단 바늘을 뺀 뒤 되돌아가서 짧은뜨기 코의 머리에 바늘을 넣고 빼내서 고리를 만든다.

2
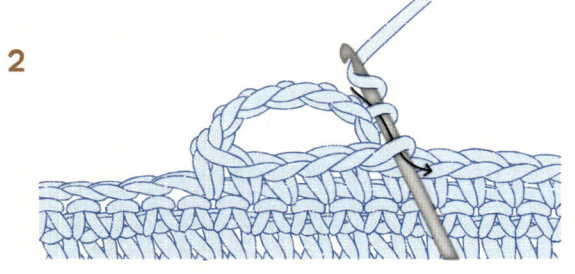
사슬코 산을 주워서 빼뜨기를 한다.

3
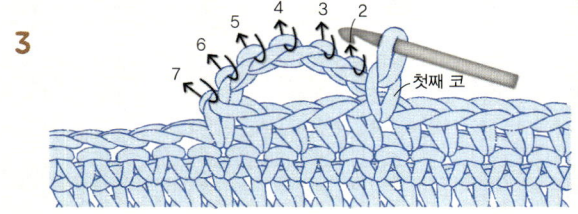

4
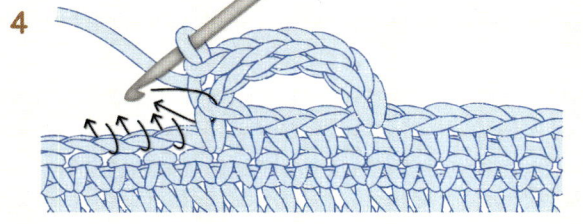
마지막은 짧은뜨기 코의 머리와 다리 1가닥을 주워서 빼뜬다. 계속해서 짧은뜨기를 한다.

● 사슬뜨기와 짧은뜨기로 만드는 단춧고리

1
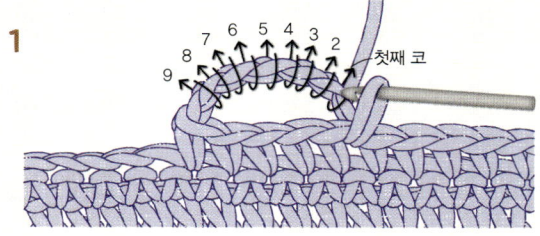
사슬 고리 만드는 법은 빼뜨기로 만드는 단춧고리 때와 같지만 짧은뜨기는 사슬코 아래에서 주워서 뜬다.

2
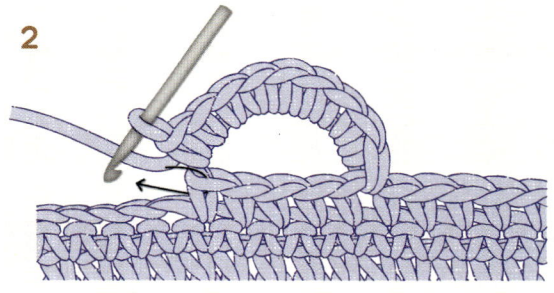
마지막은 짧은뜨기 코의 머리와 다리 1가닥을 주워서 빼뜬다.

3
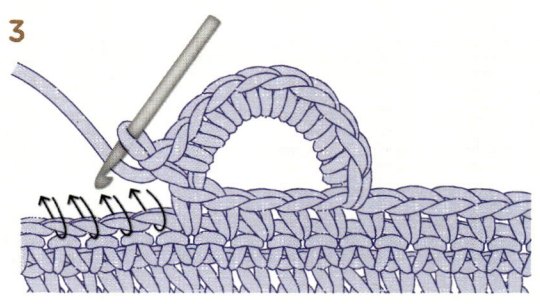
빼뜬 모습. 계속해서 짧은뜨기를 한다.

All you need to start
뜨개질을 시작하기 전에

코바늘 손뜨개는 실과 코바늘 1개만 있으면 시작할 수 있지만 실과 바늘 굵기에 따라 완성도가 매우 달라집니다.
이 책의 뜨개법에는 사용할 바늘과 실을 표시했고 뜨개실의 라벨에도 적합한 바늘 사이즈가 표시되어 있으니
참고하세요. 얼마나 힘을 주고 뜨는지에 따라 너무 빡빡해지거나 느슨해지기도 하는데
이때는 뜨개법을 바꾸는 것보다 바늘 호수를 바꾸는 것이 좋습니다.

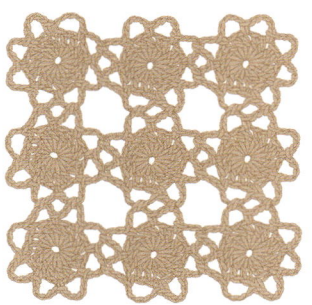

Materials —— 재료

뜨개실

편물용 실 이외에도 자수실이나 끈 등 모든 종류의 실을 사용할 수 있습니다. 소재는 면, 마, 모를 비롯하여 화학섬유나 라메 등이 있고, 만들려는 작품에 맞춰서 질감, 굵기, 강도, 색깔 등을 선택합니다.

뜨개실은 볼 형태와 타래 형태로 된 것이 있습니다. 볼 형태 뜨개실은 중심에서 실 끝을 뽑아서 사용하고, 타래 형태 뜨개실은 실을 고리 모양으로 다발지어서 살짝 꼬아 놓은 것이므로 볼 모양으로 다시 감아서 사용합니다. 실에는 라벨이 달려 있는데 여기에 실 이름, 색 번호(COL.), 로트 번호(LOT.=염색한 가마 번호), 소재명 외에 취급법이나 주의사항도 적혀 있습니다. 실을 추가로 사거나 세탁할 때 참고가 되므로 라벨을 꼭 보관해 두세요. 작품을 만들고 남은 실은 뜨개바탕을 이은 실이 끊어졌을 때 필요하니 잘 챙겨 둡니다.

레이스사

- 40번 (6~8호 레이스바늘)
- 감연18번 (0~2호 레이스바늘)
- 5번 (0호 레이스바늘~2/0호 코바늘)
- 타코사 3호 (2/0~4/0호 코바늘)
- 마사 화이트레인 16/3 (2/0~4/0호 코바늘)
- 안다리아 (5/0~7/0호 코바늘)

모사

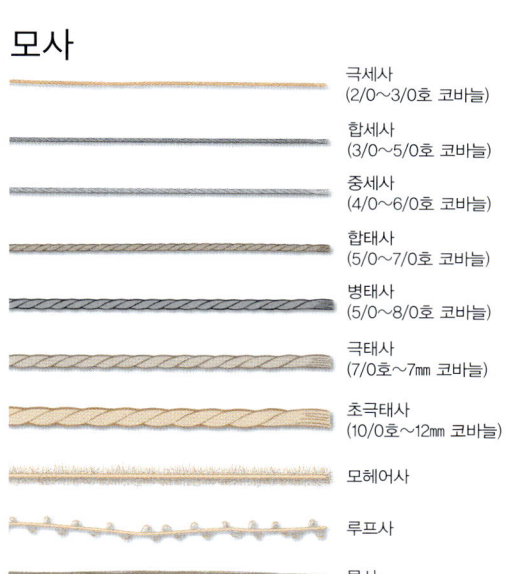

- 극세사 (2/0~3/0호 코바늘)
- 합세사 (3/0~5/0호 코바늘)
- 중세사 (4/0~6/0호 코바늘)
- 합태사 (5/0~7/0호 코바늘)
- 병태사 (5/0~8/0호 코바늘)
- 극태사 (7/0호~7mm 코바늘)
- 초극태사 (10/0호~12mm 코바늘)
- 모헤어사
- 루프사
- 몰사

Hooks & Tools —— 도구

코바늘

코바늘은 끝에 갈고리가 달려 있는 바늘이며 소재로는 대나무, 나무, 금속, 플라스틱 등이 있습니다. 레이스바늘과 코바늘로 구분하며, 한쪽에만 갈고리가 달린 '한쪽 코바늘'과 양쪽에 굵기가 다른 갈고리가 달린 '양쪽 코바늘' 2종류가 있습니다. 레이스바늘은 숫자가 커질수록 가늘어지고 코바늘은 숫자가 커질수록 굵어집니다.

뜨개실과 코바늘의 관계

코바늘은 뜨개실에 알맞은 굵기를 준비합니다. 실의 라벨에 사용할 코바늘의 호수와 적정 게이지가 적혀 있으니 이를 기준으로 고릅니다.

코바늘 종류

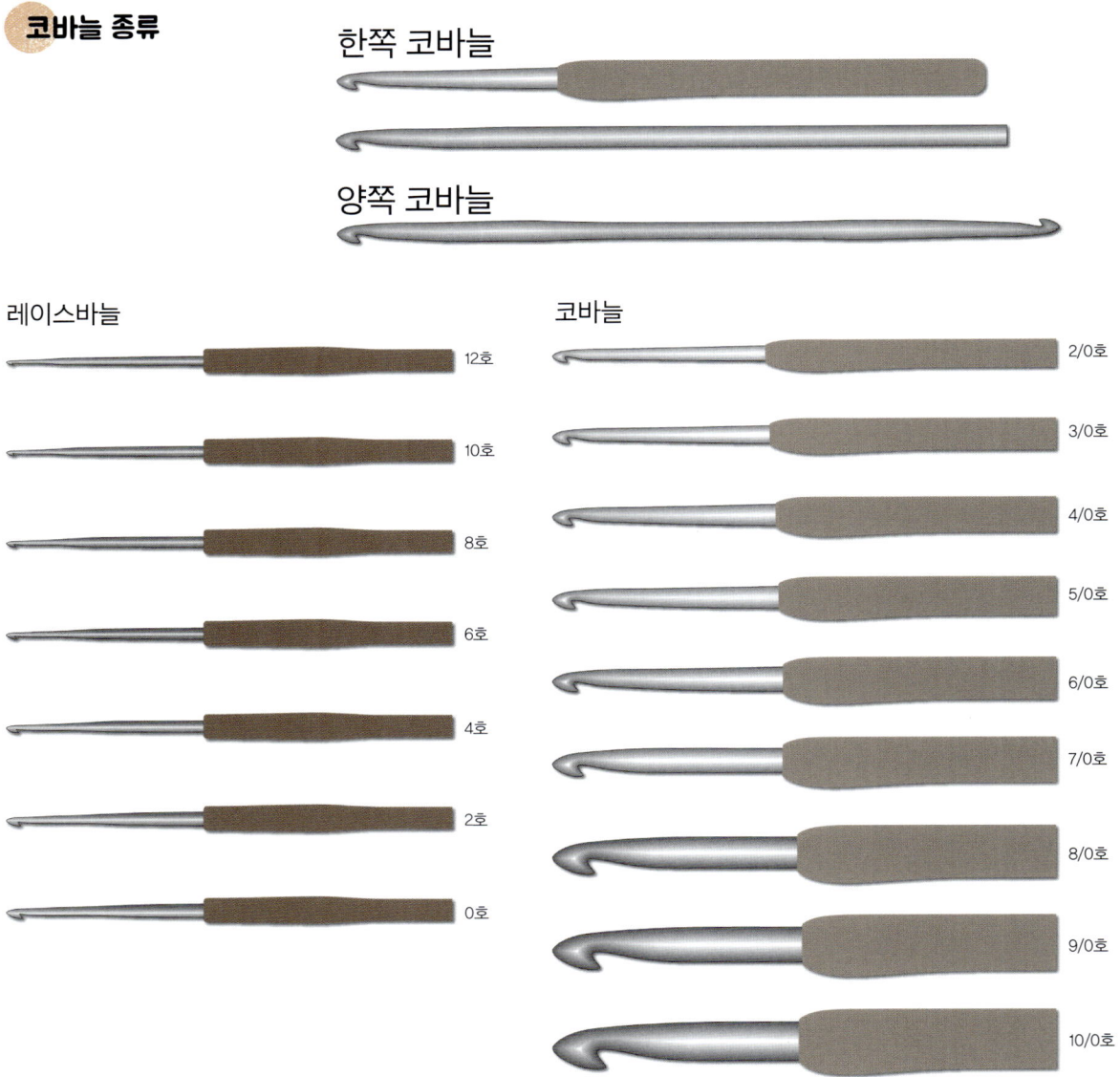

돗바늘

뜨개바탕을 꿰매거나 잇거나 남은 실을 처리할 때 사용합니다. 길이와 굵기별로 종류가 다양하니 실의 굵기나 용도에 맞춰서 고르면 됩니다.

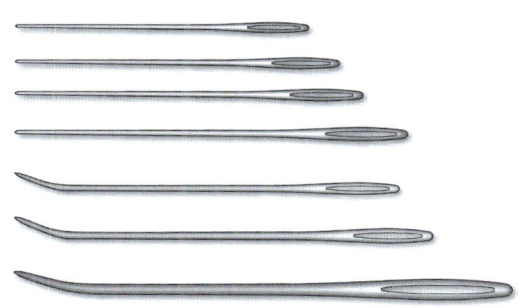

🟠 실 꿰는 법

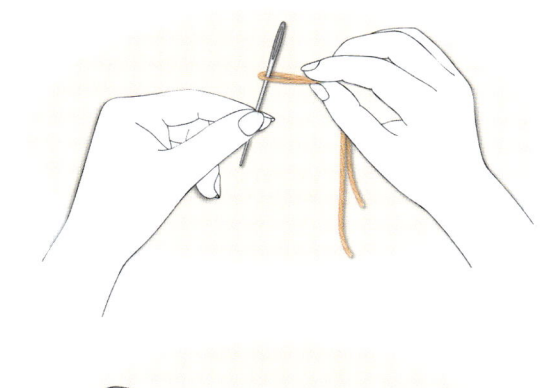

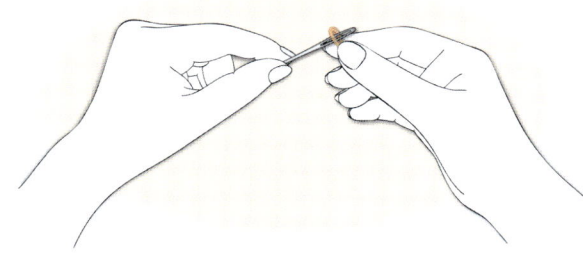

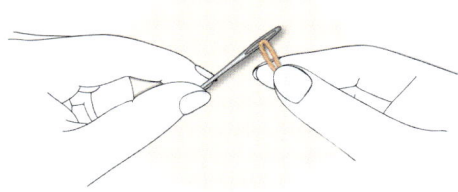

돗바늘을 이용하여 실을 고리 모양으로 만들고 그 고리 부분부터 바늘귀에 넣습니다.

실 자르는 가위

날 끝이 뾰족하고, 가벼운 소형 제품이 편리합니다.

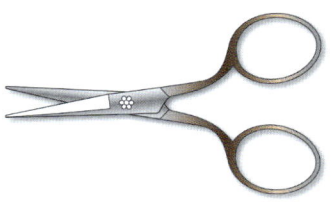

있으면 편리한 도구

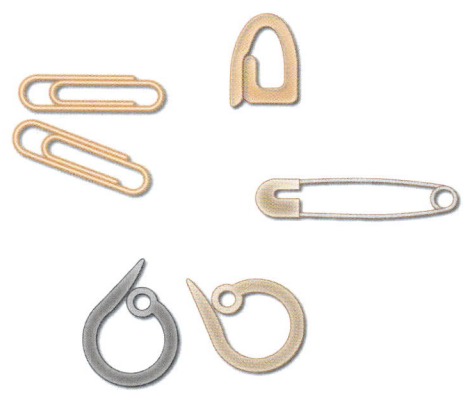

단수와 콧수 표시

뜨개바탕 중앙, 콧수의 증감 위치, 단수 등을 표시할 때 포인트를 쉽게 알아보도록 전용 링이나 마커, 문구용 클립, 안전핀을 사용합니다.

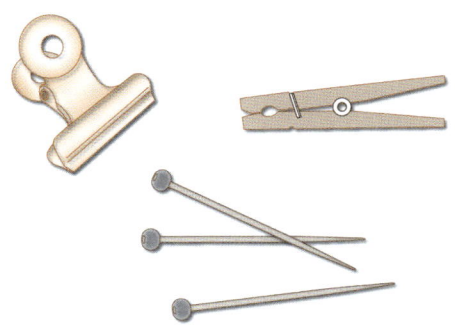

2장을 맞댈 때

뜨개바탕을 2장 겹쳐서 이을 때 뜨개바탕이 움직이지 않도록 하기 위해 사용합니다. 바늘 끝이 둥근 편물용 시침핀이나 집게, 빨래집게도 사용할 수 있습니다.

실 끝 처리

실 끝은 돗바늘에 꿰어 뜨개바탕 뒤쪽에서 단이나 코에 통과시켜 처리합니다. 단은 가장자리 코의 반코에 휘감듯이, 코는 뜨개코 사이로 겉에서 보이지 않도록 하여 각각 2~3cm 통과시킵니다.

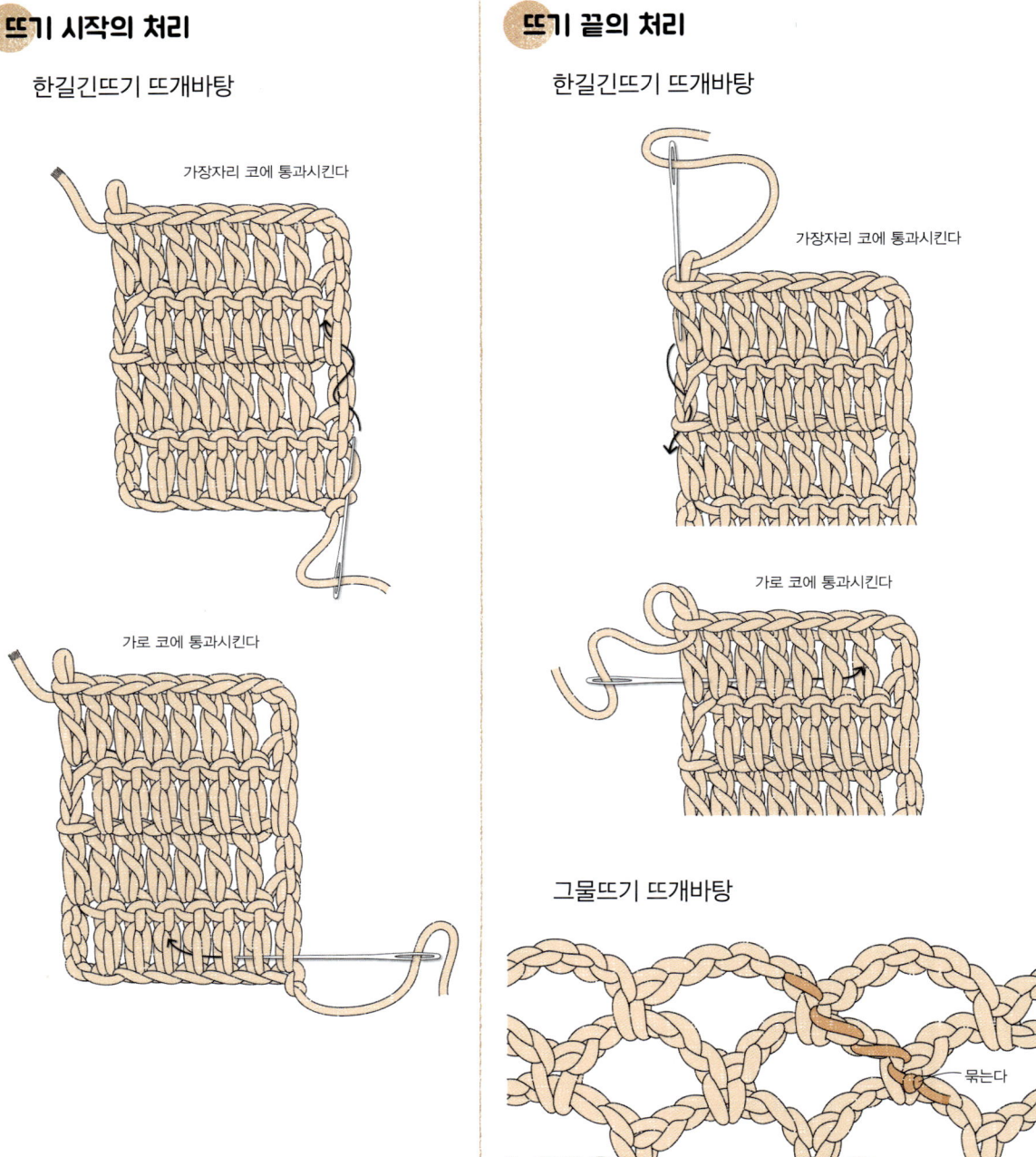

실 잇는 법

뜨개질을 하는 도중에 실을 잇는 방법 3종류입니다. 대부분의 실은 접친매듭으로 이으면 되지만, 모헤어사처럼 반들반들하고 탄력 있는 실에는 겹접친매듭이 알맞고, 우동사처럼 굵은 실은 매듭이 움직이지 않도록 돗바늘을 이용하여 연결하는 것이 좋습니다.

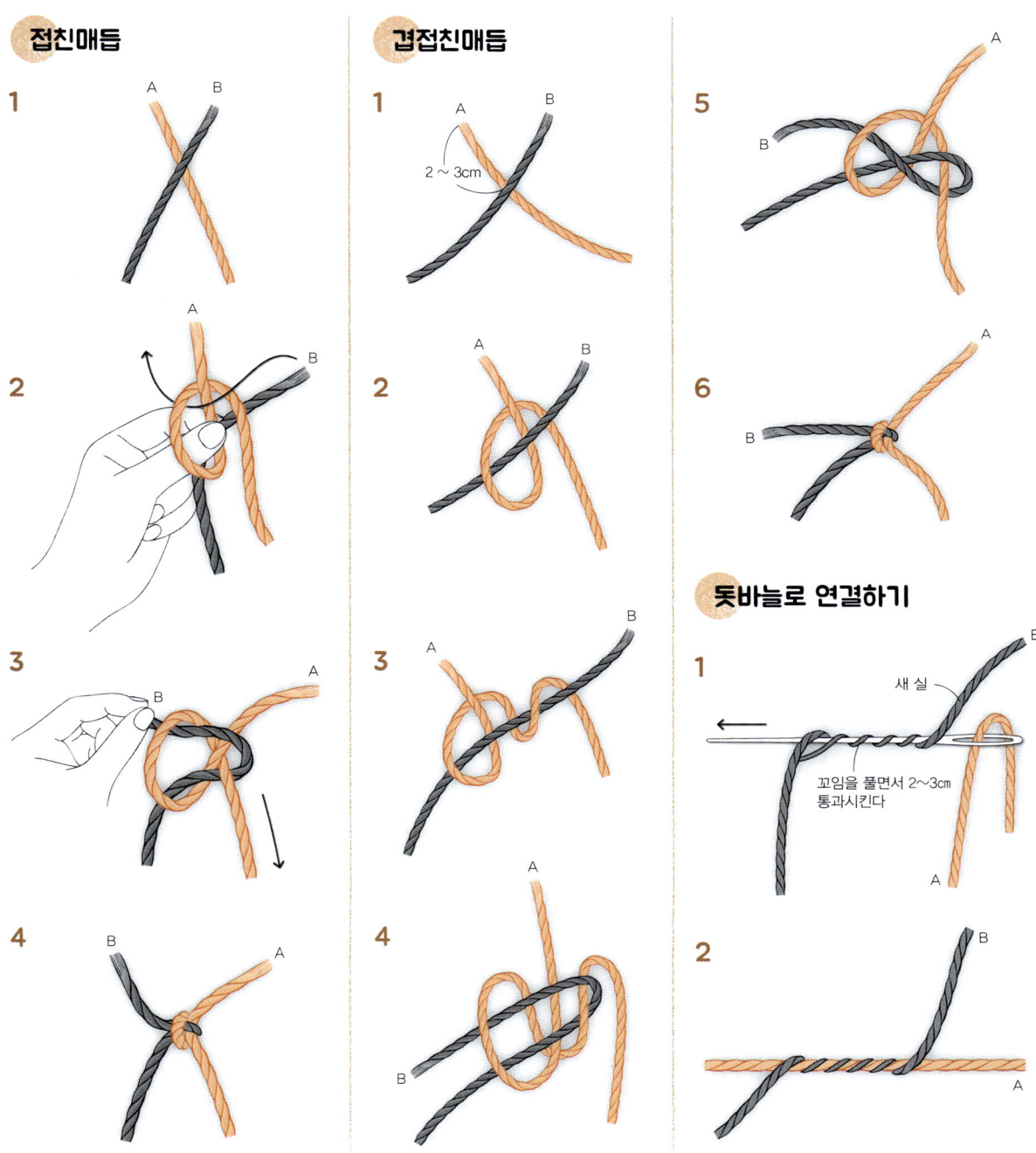

index

	2코 모눈	22
	2코 모눈뜨기의 무늬뜨기	23
ㄱ	가장자리뜨기	40
	감침질로 단과 단 잇기	36
	감침질로 잇기	36, 50
	감침질로 코와 코 잇기	37
	걸어뜨기	28
	겹접친매듭	61
	구슬뜨기	24
	그물뜨기	21
	기본 뜨개법	4
	긴뜨기	10
	긴뜨기 3코 구슬뜨기	25
ㄷ	단과 단 잇기	36
	단춧고리 만들기	55
	도구	58, 59
	돗바늘	59
	돗바늘로 연결하기	61
	되돌아 짧은뜨기	40
	두길긴뜨기	14
	둘째 단-기둥코를 뜨지 않을 때(원형 모티브)	45
	둘째 단-기둥코를 뜰 때(원형 모티브)	45
	뜨개실	57
	뜨개실 잡는 법	5
	뜨고 나서 잇는 방법	50
	뜨기 끝의 처리	60
	뜨기 시작의 처리	60
	뜨기 시작하면서 코 줄이기	35
	뜨기를 끝낼 때의 실 처리	47
	뜨면서 잇는 방법	53, 54
ㄹ	레이스바늘	58
	링에 뜨는 방법(원형 모티브)	49
ㅁ	모눈뜨기	22
	모티브	42
	모티브 뜨기	42
	모티브 링	49
	모티브 잇는 법	50
ㅂ	바늘 돌려서 짧은뜨기	41
	반코 감침질로 잇기	50
	빼뜨기	16
	빼뜨기 끈	17
	빼뜨기로 잇기	52, 53
ㅅ	사슬 1코에 뜨는 방법(원형 모티브)	43
	사슬 3코 피코빼뜨기	38, 39
	사슬뜨기	6
	사슬뜨기로 잇기	37
	사슬뜨기와 짧은뜨기로 단과 단 잇기	37
	사슬의 반코를 줍는다	7
	사슬의 반코와 사슬코 산을 줍는다	7
	사슬코 산을 줍는다	7
	사슬코로 만든 원형코에 뜨는 방법(원형 모티브)	48
	세길긴뜨기	15
	시작코의 사슬코를 너무 많이 떴을 때	15
	시작코의 사슬코를 줍는 법	7
	실 꿰는 법	59
	실 끝 처리	60
	실 잇는 법	61
	실 자르는 가위	59
	실과 바늘을 함께 잡은 모습	5
	실과 코바늘 잡는 법	5
	실로 만든 원형코에 뜨는 방법(원형 모티브)	44, 46
	실을 걸치고 줄이는 방법	33
	실이 느슨해서 뜨기 힘들 때	5
ㅇ	앞단이 사슬뜨기일 때의 구슬뜨기	25
	양 가장자리에서 코 늘리기	34
	원통뜨기	19
	원형으로 모티브 뜨는 법	43
	이랑뜨기	18
ㅈ	자주 사용하는 뜨개바탕	20
	재료	57
	접친매듭	61
	줄기뜨기	19
	짧은뜨기	8
	짧은뜨기로 잇기	54
	짧은뜨기를 1코 줄이기	32

	짧은뜨기를 1코 늘리기	31
	짧은뜨기를 2코 늘리기	31
ㅊ	체인 잇기	47
	코 늘리기	31
ㅋ	코 아래에서 줍는다	23
	코와 코 잇기	36
	코 전체 감침질로 잇기	51
	코 줄이기	31
	코바늘	58
	코바늘 잡는 법	5

ㅍ	팝콘뜨기	26
	평평하게 잇기	47
	피코뜨기	38
ㅎ	한길긴뜨기	12
	한길긴뜨기 2코 모아뜨기	35
	한길긴뜨기 3코 구슬뜨기	24
	한길긴뜨기 5코 팝콘뜨기	26
	한길긴뜨기 뒤걸어뜨기	28
	한길긴뜨기 앞걸어뜨기	28
	한길긴뜨기를 1코 늘리기	34
	한길긴뜨기를 1코 줄이기	35

곁에 두고 보는 손뜨개 노트

4쇄 펴낸날 2024년 6월 11일

지은이 문화출판국 편집부
옮긴이 남궁가윤
펴낸이 정원정, 김자영
편집 홍현숙
디자인 이유진

JAPAN STAFF

북디자인 와타나베 겐
일러스트 다이라쿠 사토미
해설&원고정리 야마다 하루요
협력 기요노 아키코
교열 무카이 마사코
편집 오사와 요코(문화출판국)
발행인 오오누마 스나오

펴낸곳 즐거운상상
주소 서울시 중구 충무로 13 엘크루메트로시티 1811호
전화 02-706-9452
팩스 02-706-9458
전자우편 happydreampub@naver.com
페이스북 @happydreampub
포스트 post.naver.com/happydreampub
출판등록 2001년 5월 7일
인쇄 천일문화사

ISBN 979-11-5536-150-4 (13630)

* 이 책의 모든 글과 그림, 디자인을 무단으로 복사, 복제, 전재하는 것은 저작권법에 위배됩니다.
* 잘못 만들어진 책은 서점에서 교환하여 드립니다.
* 책값은 뒤표지에 있습니다.

KIHON NO AMIKATA GA WAKARU HON
HAJIMEMASHITE NO KAGIBARI KYOSHITSU

Copyright © EDUCATIONAL FOUNDATION BUNKA GAKUEN BUNKA PUBLISHING BUREAU 2011
Illustrations © Satomi Dairaku 2011
All rights reserved.
Original Japanese edition published by EDUCATIONAL FOUNDATION BUNKA GAKUEN BUNKA PUBLISHING BUREAU
This Korean edition is published by arrangement with
EDUCATIONAL FOUNDATION BUNKA GAKUEN BUNKA PUBLISHING BUREAU, Tokyo
in care of Tuttle-Mori Agency, Inc., Tokyo through Botong Agency, Seoul
이 책의 한국어판 저작권은 Botong Agency를 통한 저작권자와의 독점 계약으로 즐거운상상이 소유합니다.
신저작권법에 의하여 한국 내에서 보호를 받는 저작물이므로 무단전재와 무단복제를 금합니다.
이 책에서 소개한 작품의 전부 또는 일부를 상품화, 복제 배포 및 대회 등의 참가 작품으로 출품하는 것은 금지되어 있습니다.

CROCHETING BASICS
LESSONS